RESTART 부동산 투자
아무도 말해주지 않는 불변의 성공비법

RESTART
부동산 투자

아무도 말해주지 않는 불변의 성공비법

박희용(부동산히어로) 지음

매일경제신문사

프롤로그

사람이 사는 데 가장 기본이 되는 것이 무엇일까? 각자의 생각이 있겠지만, 필자는 집이라고 생각한다. 나와 내 가족이 편하게 쉴 수 있는 집, 기왕이면 늘 이사 불안에 시달려야 하는 전세나 월세보다는 누구의 눈치도 보지 않고, 내가 원하는 기간 동안 편안하게 살 수 있는 나만의 집을 갖는 것이다. 그러나 많은 사람의 바람이 든든한 내 집을 갖는 것이지만, 부동산에 조금이라도 관심을 가져본 사람이라면, 안타깝게도 성실한 직장생활과 열심히 저축만 해서는 자력으로 내 집을 절대 마련할 수 없다는 것을 안다.

그리고 같은 나이에, 같은 흙수저 출신임에도 시간이 한참 흐른 뒤에 돌아보면, 누구는 여전히 남의 집을 전전하는 신세인데, 누구는 자기 이름으로 된 집을 여러 채 가지고 있다. 왜 이런 차이가 발생하는 것일까? 분명 어느 한쪽이 무엇을 대단히 잘못했거나, 성실하지 못해서 그런 것이 아니다. 그렇다고 해서 어느 한쪽이 원래부터 가진 돈이 많았거나, 직장에서 받는 연봉이 월등히 높아서 그런 것도 아니다. 그런데 왜 그런 결과가 나타나는 것일까? 다소 기운 빠지는 소리일지 모르겠으나, 두 사람의 자산규모가 월등한 차이를 보이는 이유는 다른 무엇보다도 아주 작은 생각의 차이에서 비롯되었을 확률이 높다. 조금 더 자세히 표현하면, 어느 한쪽은 집을 어떻게 마련하는지 그 방법을 먼저 이해한 것이고, 다른 한 쪽은 여전히 방법을 모르는 것이다. 그 말은 곧, 원래부터 돈이 많지 않아도, 연봉이 높지 않아도, 누군가가 도와주지 않아도 방법만 제대로 알면 누구나 어렵지 않게 내 집을 마련할 수 있다는 뜻이다.

필자는 이 책에 구체적인 방법을 몰라 여전히 내 집 마련과 안정적인 미래를 준비하기 힘든 사람들에게 꼭 필요한 실전 필수지식을 정리해서 썼다.

가장 기본이 되는 생각을 전환하는 방법부터, 내 집 마련을 앞둔 사람의 현실적인 고민에 대한 해결책을 제시할 것이다. 집을 사고, 파는 과정에서 불필요한 세금을 줄이고, 효율을 극대화할 수 있도록 사전에 반드시 알아야 할 것과 주의할 점도 소개한다. 그리고 마지막으로 꿈에 그리던 내 집을 마련한 후에 주변 부동산 시장을 읽고 이해하는 방법과 개인 상황을 고려한 효과적인 매도 및 갈아타기 전략을 담았다.

총 48개 테마로 구분해 상세하게 가르쳐주고자 했다. 부동산 관련 서적 중에 적어도 이런 목적으로 집필한 책이 하나 정도는 있어야 할 필요가 있다고 판단했기 때문이다. 이 책에서 가르쳐주는 원리를 이해하고, 내 생각을 전환하는 그 순간부터 내 집을 가질 준비가 되는 것이다.

우리가 사는 이 시대는 월급을 성실히 모아 집을 살 수 있는 시대가 아니다. 부족한 돈을 모으려 하면 할수록 내 집은 점점 멀어지고, 내가 살 수 있는 집의 수는 줄어든다. 필자는 10여 년이 넘는 기간 동안 내 집을 마련하고, 나아가 반복적인 부동산 투자로 자산을 몇 배로 늘리는 과정에서 얻은 경험을 이 책에 아낌없이 담을 수 있도록 심혈을 기울였다. 부디 이 책이 내 집 1채가 간절히 필요하지만 어디서부터 어떻게 해야 할지 몰라 막막한 사람들에게 구체적이고 실질적인 방향을 제시할 수 있기를 진심으로 소망한다.

부동산히어로
박희용

차례

3장

내 집 마련 전에 반드시 알아두어야 할 세대분리

4장

내 집 마련 후에 체크해야 할 것들

1장

생각을 바꾸면,
내 집이 보인다

집값은
계속 오를까요?

내 집의 가치가 하락하는 것을 좋아할 사람이 있을까?

현 정부가 들어서면서 우리나라 부동산 시장은 역사상 가장 큰 집 값 상승이 이어지고 있다. 이 흐름은 정권이 바뀐 후에도 한동안 이어질 가능성이 높다. 무주택자가 주택을 매수해 1주택자가 되어, 그 집에서 실제 거주를 하는 경우라면, 집값이 오르거나 또는 떨어진다고 하더라도 이론적으로는 큰 의미가 없다. 어차피 그 집에서 계속 살 확률이 높기 때문이다. 그러나 내가 사는 집의 가치가 계속 오른다면 모를까, 혹시 떨어지는 추세라면, 이론적으로는 상관없다고 할지라도, 머릿속으로는 받아들이기 힘든 것이 사람 마음이다. 즉, 내가 소유한 집의 가치가 하락하는데 마음 편할 사람은 아무도 없다는 뜻이다.

결국 투자 목적은 물론, 실거주 목적으로 집을 사는 경우라도, 기왕이면 누구나 앞으로도 꾸준히 가치가 오를 집을 사기를 원할 것이다. 이는 실제 부동산을 매매해본 사람이라면 열이면 열, 모두의 공통적인 생각이다. 그렇다면 집값은 앞으로도 계속 오를까? 이 물음에 대한 답을 얻고, 앞으로도 내가 거주하는 집이 꾸준히 가치가 오르는 것을 흐뭇하게 바라보기 위해서는 현 정부 들어서 왜 집값이 하루가 다르게 오르는지 그 이유를 명확하게 알아야 한다. 또 현재도 지금까지 집값을 폭등하게 한 원인이 남아 있는지 그리고 앞으로도 남아 있을지 아니면 곧 사라질지를 명확하게 진단해보면, 앞으로의 집값 상승 가능성 유무도 어느 정도 예측이 가능하다.

현 정부의 집값 폭등이 있게 한 원인은 무엇일까?

현 정부 들어 집값이 폭등하게 된 원인을 한마디로 표현하면, 무분별한 부동산 규제 폭탄과 규제 폭탄을 피해 시장으로 쏟아져 나온 주택 매수수요를 감당할 정도의 주택 공급이 원활하게 이루어지지 못한 결과다. 조금 더 자세히 표현하면, 어차피 신규 주택의 필요성은 이전 정권에서도 꾸준히 제기되던 문제고, 필요성을 인식한다고 하더라도, 하루아침에 많은 주택을 짓는 것이 불가능하므로 공급 시기에 차질이 생기는 것은 불가피한 상황이지만, 무분별한 부동산 규제를 쏟아내 잠재되어 있던 주택 매수수요를 한꺼번에 시장으로 쏟아져 나오게 한 것이 가장 큰 원인이라고 볼 수 있다. 즉 과도한 부동산 정책으로 매수수요를 자극하지만 않았어도 오늘날의 급격한 집값 상승은 막을 수 있었다는 뜻이다.

규제하면 할수록 왜 집값은 더 오르는 것일까?

'풍선효과'라는 용어를 들어봤을 것이다. 바람을 꽉 채운 풍선의 한쪽을 누르면, 다른 한쪽이 더욱 부풀어 오른다. 규제로 부동산 시장을 누르면 누를수록, 규제가 없는 주변지역 집값이 상대적으로 가파르게 오르는 현상을 '풍선효과'라고 한다.

2021년 7월 기준으로, 신혼부부와 생애 최초 주택매수자에게는 다소 완화된 규정을 적용하고 있다. 하지만 큰 틀에서는 조정대상지역으로 지정된 지역은 KB시세의 50%까지, 투기과열지구는 40%까지만 대출을 해준다. 주택을 거래할 때는 취득세와 양도소득세 등 각종 세금을 중과세한다. 특정지역이 여러 요인으로 집값이 상승하고, 그 여파로 조정대상지역 이상의 규제지역으로 묶이면 이전에 비해 자금조달이 힘들어진 투자 수요는 상대적으로 자금조달이 수월한 인근 비규제지역으로 이동한다. 그러면 해당 비규제지역의 주택 거래량이 증가하고 다시 집값 상승으로 이어져 해당 비규제지역은 새로운 규제지역이 된다. 그동안 많이 오른 집값으로 별다른 메리트를 느끼지 못한 투자 수요는 다시 이전 규제지역으로 돌아와 집값을 상승시킨다. 그리고 추가로 집값이 상승하면, 그 지역은 다시 더 강력한 규제지역으로 묶인다. 더 강력한 규제지역이 되면, 앞에서 설명한 현상이 되풀이된다. 또다시 집값이 상승하는 악순환이 반복된다.

다음 그래프는 2018년 8월에 조정대상지역으로, 그리고 2020년 6월에 투기과열지구로 순차적으로 지정된 지역의 한 아파트 가격변동 추이를 나타낸 그래프다.

규제지역의 아파트 가격변동 추이

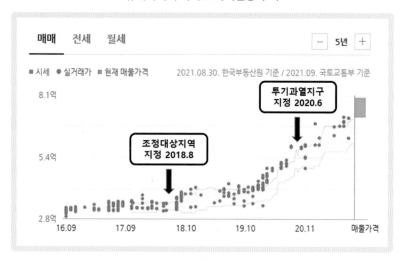

출처 : 네이버 부동산

　비규제지역에서 조정대상지역으로, 조정대상지역에서 투기과열
지구로 규제가 격상되면 될수록, 더욱 가파르게 집값이 상승한 것을
알 수 있다. 상급지의 집값이 먼저 오르고, 하급지의 집값이 시차를
두고 따라 오른다. 이처럼 키 맞추기를 하는 현상이 반복되면서 집값
은 지속적으로 오른다. 규제가 심하면 심할수록 투자자는 물론이고,
실거주자까지 운신의 폭이 좁아진다. 조금이라도 적은 자금으로 투자
가 가능하고, 더 많은 대출이 가능하며, 세금을 덜 낼 수 있는 지역으
로 수요가 이동한다. 이것은 지극히 당연한 현상이다. 강력한 규제는
일시적으로 거래를 멈출 수는 있다. 그러나 궁극적으로는 오히려 집
값을 더 빠른 시간에, 더 많이 오르게 하는 마치 화학반응의 촉매와
같은 역할을 한다는 것을 알아야 한다.

모든 지역의 집값이 오를까?

현 정부에서 나타난 집값 폭등 현상이 과도한 규제정책과 제때 신규 주택을 공급하지 못한 것에서 기인한 것이라면, 결국 규제가 계속되는 한, 필요한 만큼의 주택이 공급되어 실제 입주를 완료하지 않는 한, 집값 폭등 현상은 앞으로도 계속 이어질 확률이 높다.

그렇다면 전국의 집값이 오르는 것일까? 그렇지는 않다. 이유는 선호도가 높은 지역과 그렇지 않은 지역이 있으며, 주변 신규 주택 공급량도 큰 영향을 주기 때문이다.

선호도가 낮은 지역이나, 바로 인근에서 신규 주택이 대규모로 공급된다고 가정해보자. 부동산 정책과 시장 흐름과 상관없이 집값은 정체되거나 오히려 하락할 것이다. 따라서 내 집 마련을 앞둔 사람이라면, 원래부터 입지가 좋거나, 향후 개발 호재로 선호도가 높은 지역이면서, 주변에 대규모 공급 예정이 없는 곳을 선택해야 한다.

예를 들면 과거에는 서울까지 직결되는 교통수단이 없어 많은 시간이 소요되었지만, 신규 노선이 도입되면서 획기적으로 서울 접근성이 좋아지는 지역 중에서도 주변에 3기 신도시가 예정되어 있지 않은 지역을 선택해야 한다. 설령 주변에 대규모 공급이 예정되어 있어도, 입지가 더 좋아 가격방어가 가능한 곳이라면 괜찮다. 부동산 시장 흐름에 맞게 꾸준히 집값 상승을 기대할 수 있다.

02

전세로 살면 보증금을 그대로 돌려받으니
손해는 아니지 않나요?

전세 보증금은 정말 그대로 있는 것일까?

필자가 불특정 다수에게 자신이 만약 세입자라면 월세로 살고 싶은지, 전세로 살고 싶은지 선택하라고 하면, 열에 아홉 이상은 전세로 살고 싶다고 답한다. 반면 자신이 만약 집주인일 때, 자신이 소유한 집을 월세로 주고 싶은지, 전세로 주고 싶은지 선택하라고 하면, 열에 일곱 이상은 월세를 주고 싶다고 답을 한다.

각 질문에 대해 다수가 이런 답변을 하는 이유는 어렵지 않게 짐작할 수 있다. 세입자는 당장 눈앞에서 돈이 사라지지 않고 전세 보증금이 그대로 유지되기 때문에 전세를 선호한다. 집주인은 전세 보증금은 어차피 돌려줘야 하지만, 월세는 매달 꼬박꼬박 확정된 수입이 들어오기 때문에 월세를 좋아한다. 물론 틀린 판단은 아니지만, 그렇다고 해서 결코 바람직하지도 않다.

세입자가 전세를 살면 안 되는 이유

세입자의 경우를 보자. A씨가 시세 3억 원인 한 아파트에 2년간

2억 원의 조건으로 전세계약을 체결했다. 그리고 2년 후, 계약갱신청구권을 행사하면서 5%를 올려주고, A씨는 총 4년간 그 집에서 살 수 있었다. 그 후 보증금은 계약만료와 동시에 되돌려 받았다. 4년간 월급에서 틈틈이 저축해 2천만 원을 모았다. 그렇다면 A씨는 4년이 지난 시점에 2억 1천만 원을 다시 돌려받았고, 2천만 원을 저축했으니 재산이 2억 3천만 원으로 늘어났다고 볼 수 있는 것일까? 단순 계산상으로는 그런 것 같지만, 지난 4년간 오른 주변 집값과 전세가와 비교하면 그렇지 않다는 것을 알게 된다.

요즘 같은 폭등장이 아니라 보수적으로 매매가와 전세가가 2년마다 각각 10%씩 상승했다고 가정해보자. 4년이 지난 시점에 매매가는 3억 원에서 3억 6천3백만 원이 되었고, 전세가는 2억 4천2백만 원이 되었다. A씨는 총 4년간의 전세 계약이 만료되었으므로, 그 집에서 계속 살려면, 현 전세 시세대로 신규 계약을 해야 한다. 내 집을 사야겠다는 판단을 했다면, 역시 현 매매 시세대로 집을 마련해야 할 것이다.

그러나 아주 보수적으로 보더라도 이미 A씨가 4년간 보전한 전세 보증금과 열심히 일해서 모은 돈 전부를 합쳐도 매매 시세는 물론, 전세 시세와도 오히려 격차는 벌어졌다. A씨는 지난 4년간 전세 보증금을 보전하고, 거기에 2천만 원을 더 모아서 재산이 늘었다고 생각했을 것이다. 하지만 오히려 새로 전셋집을 얻으려면 그동안 모은 돈에 추가로 1천만 원이 더 필요한 상황이 되었다. A씨가 새로 전세를 구하려면, 2천만 원을 모은 것이 아니라, 1천만 원 만큼의 자산이 줄어든 것이다. 이제 와서 집을 사려고 하면, 4년간 6천3백만 원이 올랐으므로 4천만 원 가까이 A씨의 자산가치가 더 하락했다고 볼 수 있다. 하루라도 빨리 전세살이를 벗어나야 하는 이유다.

집주인이 월세를 주면 안 되는 이유

이번에는 집주인의 경우를 보자. B씨가 시세 3억 원인 아파트를 소유하고 있다. 이 아파트의 전세 시세는 2억 원이며, 월세는 보증금 5천만 원, 월세 50만 원의 조건으로 계약 체결이 가능하다고 가정해 보자. 역시 앞의 예처럼, 보수적으로 매매가와 전세가가 2년마다 각각 10%씩 상승했다. 집주인 입장에서는 전세를 주는 것이 좋을까? 아니면 월세를 주는 것이 좋을까? 물론 이 경우는 앞선 세입자의 사례처럼 손해를 보는 것은 아니다. 하지만 월세가 상대적으로 낮은 수익을 얻는다는 것을 알 수 있다. 만약 세입자가 2년 만에 계약을 해지한다면, 전세는 신규계약이 가능하므로, 보증금 2,000만 원을 증액해 계약할 수 있다. 반면 향후 2년간 월세로 얻는 수익은 1,200만 원에 불과하다. 세입자가 계약갱신청구권을 행사해 4년을 산다면, 차이는 더 커진다. 전세는 보증금 4,200만 원을 증액해 계약할 수 있다. 반면 향후 4년간 월세로 얻는 수익은 2,400만 원에 불과하다. 이 경우는 차익이 2배가량 된다.

누군가는 어차피 돌려줄 보증금을 더 올려받는 것이 과연 수익이라고 볼 수 있느냐며 반박할지 모르지만, 주변에 대규모 입주 물량이 없고, 요즘 같은 전세 매물 실종 시대에는 꾸준히 전세가는 상승할 것이다. 그렇다면 기존 세입자의 전세 보증금은 내가 돌려줄 돈이 아니라, 새로 내 집에 들어올 누군가가 돌려줄 돈인 셈이다.

집을 팔 때는 최근에 올려받은 전세가와 매매가와의 차이만큼만 받고 팔면 되니, 이 역시도 B씨는 보증금에 대해 신경 쓸 필요가 없다. 즉 B씨는 애초부터 월세가 아닌 전세를 주었다면, 아무리 보수적으로 봐도 최소 2배 이상의 수익을 얻을 수 있었던 것이다. 하지만 월세를 주었다면 팔 때도 문제가 생긴다. 결국 내가 원하는 시기에 원하는 가격에 팔 수 있어야 하는데, 월세를 주면 매수자를 구하기가 그만큼 힘들어진다.

예를 들어보자. 시세 3억 원의 집에 2억 원에 전세를 준 상태라면, 1억 원만 있어도 이 집을 매수할 수 있다. 그런데 같은 집을 보증금 2천만 원에 월세 50만 원의 조건으로 임대를 준 상태라면 어떨까? 이 집을 매수하기 위해서는 무려 2억 8천만 원이라는 목돈이 필요하다. 상식적으로 1억 원을 조달할 수 있는 사람이 많을까? 아니면 2억 8천만 원을 조달할 수 있는 사람이 많을까? 즉 매수자금이 최대한 적게 들어야 실수요자에게는 물론, 투자자에게도 매력적인 매물이 된다. 보러 오는 사람이 많아지며, 그만큼 거래가 성사될 가능성이 높아진다.

실거주할 집을 하루라도 빨리 마련해야 한다

앞의 예시는 서울 및 수도권 주요 지역에서는 찾기 힘든 매매가 3억 원을 기준으로 했다. 매매가와 전세가 상승률도 아주 보수적인 수준으로 적용했다. 만약 수도권 평균 집값과 지금의 가격상승률을 적용했다면, 격차는 몇 배 더 커졌을 것이다. 아직 내 집을 갖지 못한 상태라면 앞으로 어떻게 대응해야 할까? 가장 좋은 방법은 가진 돈과

정책이 허락하는 한도 내에서 최대한 대출을 받아 실거주할 집을 하루라도 빨리 마련해야 한다.

그러나 현실에서는 대출의 힘을 빌려도 집을 살 수 없거나, 정책이 허락하는 한도까지 대출을 감당할 능력이 안 될 수도 있다. 그럴 때는 현재 거주하는 집을 일정 부분 월세로 돌리면서 계속 임차로 거주한다. 그리고 내가 가진 돈, 월세로 전환하면서 돌려받은 보증금 일부 그리고 감당할 수 있는 범위 내에서 받은 대출을 모두 합해 가용자금을 마련하고, 가용자금과 매수할 집의 세입자 보증금을 끼고 투자 형식으로 매수하는 것이 좋다.

물론 지금 사는 집을 월세로 돌리지 않고도 가용자금을 마련할 수 있다면, 지금 내가 가진 돈과 감당할 수 있는 범위 내에서 받은 대출만을 가용자금으로 활용해도 좋다. 비록 실거주하기에는 돈이 부족한 상황이지만, 앞으로 오를 시세를 더 이상 오르지 않도록 고정하는 큰 효과를 기대할 수 있다. 임대차계약을 갱신할 때마다 수익을 얻을 수 있는 좋은 포지션인 것이다. 부동산의 생리를 알고, 돈이 돌아가는 원리를 이해했다면, 가급적 자신은 빨리 전세살이를 벗어나야 한다. 자신이 소유한 집을 임대할 때는 월세가 아닌 전세로 주어야 한다. 그때부터 본격적으로 자산이 늘어날 토대가 마련된다는 점을 꼭 기억해두자.

지금 집을
사야 하나요?

내 집 마련의 적기는 언제인가?

필자가 상담이나 지인들로부터 가장 많이 받는 질문이 지금 집을 사는 것이 맞느냐는 것이다. 여기서 정말 재미있는 것은, 집값이 가파르게 오를 때나, 정체되어 있을 때나, 조정기에 있을 때나 사람들은 늘 같은 질문을 한다는 것이다. 사람들이 부동산 시장 흐름과 상관없이 늘 같은 질문을 하는 이유는 집값이 가파르게 오를 때는 너무 많이 오른 것 같아 불안하기 때문이다. 정체되어 있거나, 조정기에 있을 때는 내가 매수한 가격보다 더 떨어질까 봐 걱정스럽기 때문이다. 즉 사람들은 향후 집값 변동을 예측할 수 없고, 가격상승에 대한 확신이 없다. 필자에게 지금 집을 사는 것이 맞느냐는 질문을 하면, 적어도 자신이 실제 거주할 집이라면 부동산 시장 상황과 정책에 상관없이 지금 당장 사야 한다고 조언한다.

집값이 떨어질 때를 기다리는 사람은
평생 내 집 마련은 어렵다

필자가 내 집 마련의 적기는 바로 지금이라고 주장하는 근거는 무엇일까? 뚜렷한 데이터를 제시해서 이유를 설명할 수도 있다. 하지만 많은 사람들이 내 집 마련이 힘든 이유는 눈에 보이는 특정 지표보다는 인간의 아주 기본적인 심리에 기인한 경우가 많다.

예를 하나 들어보자. 5년 전에 5억 원이었던 아파트가 있다. 이 아파트는 3년간 꾸준히 가격이 올라 6억 원이 되었다가 주변 공급물량의 영향으로 5억 7천만 원까지 조정을 받았다가 반등해 6억 3천만 원이 된 상태라고 가정해보자. 이 시기에 내 집 마련을 못한 사람은 크게 2가지 경우다.

첫 번째는 미리 필요한 준비를 해두지 못하고 막상 오르는 가격을 보고 그제야 필요한 대출이나 매물이 있는지 등을 확인한다. 설령 매물이 있다고 해도 바로 중개사무소에 가지 않는다. 주말이나 지금 급한 것을 모두 마무리한 후로 미루고 계약을 하려고 한다. 이렇게 시간을 보내는 사이에 매입하고자 했던 가격보다 십중팔구 몇천만 원이 올라있다. 머뭇거리는 사이 가격이 너무 올라서 이제는 매입을 포기한다. 하지만 가격은 더욱 가파르게 올라 6억 원이 되었다. 이제는 이도 저도 못하는 상황이 되어버린다.

두 번째는 6억 원은 너무 비싼 것 같고, 가격이 조금 떨어지면 그때 매수하고자 마음을 먹는다. 마침 주변 공급물량 여파로 가격이 조정되어 5억 7천만 원이 되었다. 하지만 선뜻 매수할 용기가 나지 않는다. 그토록 바라던 가격 조정기가 왔지만, 이제는 더 떨어질 것 같은 불안감에 과감하게 매수를 하지 못한다.

인근 중개사무소에서도 좋은 매물이 나왔다며 연락이 온다. 하지만, 연락을 받고 조금 더 고민을 해보자며 기다린다. 집값은 짧은 조정기를 끝내고 반등해 기존 고점을 돌파하고, 어느새 6억 3천만 원이 되어 있다.

나만의 기준을 세우고 미리 준비하자

이 2가지 경우를 보고 어떤 생각이 드는가? 두 경우는 정반대 상황이지만, 결국 과감하게 결정을 내리지 못했다는 공통점이 있다. 왜 사람들은 막상 때가 와도 과감한 결정을 내리지 못하는 것일까? 그것은 바로 나만의 뚜렷한 기준이 없어 나 자신의 판단을 믿지 못하기 때문이다. 틈틈이 부동산 관련 책도 보고, 유튜브 영상도 찾아보는 등 사전에 충분한 공부를 통해 현재 부동산 시장 상황이 이러니, 언제쯤 내 집을 마련하면 좋겠다는 나만의 기준을 세워두어야 한다. 사전에 이런 준비가 되어 있지 않으니 주변 아파트가 하루가 다르게 가격이 올라도 막상 집이 없는 나는 어떻게 해야 할지 몰라 마음만 급해지는 것이다.

필자는 내 집 마련을 앞두고 이런 준비를 하지 않는 사람들을 볼 때마다 도무지 이해가 가지 않는다. 리스크가 전혀 없는 일반 은행예금상품을 고를 때나, 고작 몇십만 원에서 많아야 몇백만 원만 있으면 되는 주식 투자를 위해서도 공부에 열을 올리는 사람이 많다. 그런데 하물며 최소한 수천만 원에서 수억 원이 필요한 집을 사면서 철저한 사전 준비를 하지 않는 것 자체가 잘못된 생각이다.

내 집이 없는 사람이라면, 당장 수입도 적고, 가진 것도 없어 내 집 마련은 꿈도 못 꿀 것 같은 상황이거나, 반대로 지금 당장 생활에 불편함이 없고, 연봉이 높다고 해서 강 건너 불구경하듯 있으면 안 된다. 뒤늦게 이것저것 알아보고 고민하는 사이에 집값은 내가 감당할 수 없는 수준까지 오른다. 아무리 많은 노동수익도 집값이 오르는 속도를 따라잡을 수는 없다는 것을 명심하기 바란다.

지금 집을 사야 하는 것은 알겠는데, 집값이 떨어지면 어떡해요?

물론 집값이 일정기간 하락 및 보합세가 이어질 수는 있다. 앞으로 우리나라에 과거 외환위기나 글로벌금융위기 같은 큰 경제위기가 오지 않는다는 보장도 없다. 당장 수도권에 3기 신도시와 곳곳의 택지개발지구를 조성할 계획인 것만 봐도, 언제가 될지 정확히 알 수는 없지만 어쨌든 주택을 보유하고 있거나 앞으로 내 집 마련을 할 사람은 대규모 주택공급의 영향도 염두해두어야 하는 것은 맞다. 이런 불확실성을 앞두고 지금 당장 집을 사는 것이 맞을까?

동탄2신도시 인근 한 아파트의 가격변동 추이

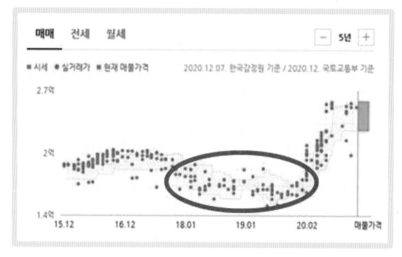

출처 : 네이버 부동산

　동탄2신도시의 신규 아파트가 막 입주를 시작할 때부터, 단지의 입주가 거의 마무리된 시점, 그리고 그 이후까지, 동탄2신도시 인근 한 아파트의 가격변동 추이를 살펴보자. 관련 그래프를 보면 비록 급격하지는 않지만, 이 아파트는 매년 물가상승률만큼 집값이 상승하고 있었다. 그런데 동탄2신도시의 입주가 본격적으로 시작되는 2018년 1월부터, 2020년 2월까지 약 2년간 가격조정을 보였다.

　예를 하나 더 들어보자. 다음은 다산신도시의 입주가 시작할 때부터, 단지의 입주가 대부분 마무리된 시점, 그리고 그 이후까지, 다산신도시 인근 한 아파트의 가격변동 추이를 나타낸 것이다.

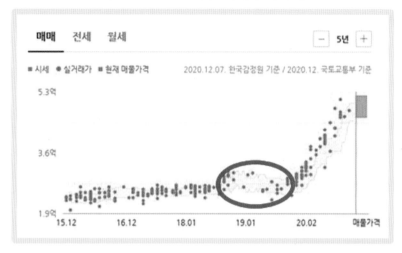

다산신도시 인근 한 아파트의 가격변동 추이

출처 : 네이버 부동산

이 아파트 역시 매년 물가상승률만큼의 집값이 상승하는 추세였다. 다산신도시의 입주가 본격적으로 시작되는 2018년 11월부터, 2019년 9월까지 약 8개월간 가격조정을 보였다.

이 두 아파트의 가격 조정기가 차이가 나는 이유는 주변 신도시의 전체 입주물량과 각 단지의 입주시기와 관련이 있다. 예정된 입주물량이 적을수록, 각 단지 간 입주시기의 간격이 짧을수록 전체 입주시기가 줄어드니 가격조정기가 짧다. 그리고 두 아파트는 조정기를 마친 후에는 주변 개발 호재와 물가상승률, 거기에 우리나라 인구의 1/4이 사는 경기도의 풍부한 수요에 힘입어 꾸준히 상승하고 있다는 것을 알 수 있다.

만약 집을 매수한 목적이 투자라면, 주변 신도시의 입주물량을 무시하고 진입했다가 자칫 장기간 자금이 묶이고, 팔아야 할 때 원하는 가격에 팔지 못하는 등 환금성에 심각한 문제가 생기므로 지금 당장 사야 한다는 생각으로 접근하는 것은 무리가 있다. 그러나 내가 직접 거주할 집이라면, 주변에 아무리 많은 공급물량이 예정되어 있어도 일정 시간이 흐른 뒤에는 다시 회복하고, 물가상승률만큼 상승패턴이 이어지기 때문에 무시하고 접근해도 좋다. 통상 가격이 보합세를 보이거나, 일정기간 하락한 것을 두고 '떨어진다'라는 표현보다는 '조정받는다'라는 표현을 쓰는 이유도 언젠가는 떨어진 가격이 회복할 것이라는 전제가 있기 때문이다. 이렇듯 집값은 장기적으로는 우상향이다. 따라서 내 집을 마련할 계획이라면 그것이 언제가 되었든 적기는 지금 당장이다.

04

인구가 점점 줄어들어 집값이
떨어질 텐데, 기다릴까요?

인구는 진짜 줄어들까?

집값이 떨어질 것이라 주장하는 사람들의 대표적인 논리가 바로 인구감소다. 지금까지는 인구가 늘었지만 머지않아 인구가 줄어들면 집이 남아돌아 속절없이 집값은 떨어질 수밖에 없다는 것이다. 과연 옳은 주장일까? 당장은 아니지만 아마도 2030년쯤에는 우리나라의 전체인구는 정점을 찍고 하락할 것이라는 의견이 지배적이다.

여기까지만 놓고 보면, 인구가 줄어든다는 것은 수요가 줄어드는 것이며, 지어놓은 집 수는 그대로인데, 그 집을 살 사람이 계속 줄어드니 가격이 하락한다는 논리는 일단 맞다. 그런데 여기서 한 가지를 더 생각해야 한다. 바로 인구와 가구 수와의 상관관계다. 실제 인구가 줄어드는 시기에 접어들었다고 해도, 가구 수는 증가할 가능성이 매우 높다. 가구 수가 늘어난다는 의미는 필요한 집 수 대비, 수요가 더 늘어난다는 뜻이다. 1인 가구가 늘어나고 있으며, 결혼하더라도 자녀 계획이 없거나, 자녀를 낳더라도 1명만 있는 집이 갈수록 늘어, 4인 가족보다는 3인 가족의 수가 갈수록 늘어날 것이다. 이런 현상이 심화될수록 중소형 평형대가 부동산 가격상승의 주도적인 역할을 할 수밖에 없다. 이들 중소형 평형대 위주로 계속해서 집값은 강세를 보일 것이다.

가구 수도 언젠가는 줄어들지 않을까?

그런데 진짜 인구가 줄어든다면, 가구 수가 늘어나는 현상도 한 계가 있지 않을까? 물론 가구 수가 늘어나는 기간도 언젠가는 멈추고 하락세로 접어들 것이다. 이 시기가 정확하게 언제인지는 알 수 없다. 하지만 아마도 인구가 줄어드는 시기부터 시차가 그다지 크지는 않을 것이라 추측한다. 그러면 결국 가구 수도 감소하니까 집값도 더는 상 승할 여력이 없는 것은 아닐까? 여기서부터는 더욱 세밀하게 분석하 고 생각해야 한다.

실제 인구가 줄어들고 가구 수까지 줄어드는 시기가 온다면, 이 때부터는 일부 지역의 집값 하락을 고민해야 한다. 사실 멀리 갈 것도 없이 현재 시점에도 지방 소도시에서는 벌써 조짐이 있다. 그런데 여 기서 주목할 것이 있다. 왜 우리나라 전체가 아니라, 극히 일부 지방 소도시부터 시작되었으며, 확산되지 않는 것일까? 그것은 인구증가 및 감소로 인한 집값변동을 단지 해당 지역에서 실제 태어나고 죽는 수치에만 집중했기 때문이다. 인구증감에 따른 집값 변화를 예측하기 위해서는 실제 태어나고 죽는 수치가 아니라, 전입과 전출의 숫자가 중요하다.

예를 들어보자. A지역에 1만 명이 살았지만, 전출이 많아 5천 명 으로 인구가 줄었다면, 이 지역의 집값은 당연히 하락이 예상된다. 산술적으로만 보더라도 4인 가족 기준으로 1만 명이 살았다면, 해당 지역의 주택 수는 2,500채가 있었을 것이다. 그런데 5천 명으로 줄었다면 1,250채만 사람이 살고, 나머지 1,250채는 공실이 된다. 집이 남아도는 상황이 되니 가격하락은 당연하다. 너무 극단적인 예를 들었지만, 실제 지방 소도시에서는 조금씩 이런 현상이 일어나고 있으며, 지방소멸 위험지역이라는 용어까지 나오는 실정이다. 공공장소에서 지방소멸을 막기 위해 2차 공공기관 이전을 추진해야 한다는 공익광고도 심심찮게 볼 수 있다.

반면에 B지역에 1만 명이 살았지만, 전입이 많아 1만 5천 명으로 인구가 늘었다면, 이 지역의 집값은 어떻게 될까? 같은 조건에서 해당 지역의 주택 수는 2,500채가 있었을 것이다. 그런데 5천 명의 전입 인구가 늘었다면 1,250채의 집이 추가로 필요한 상황이다. 주택 공급은 계획을 세우는 것도 매우 어렵고, 실제 공급까지 이어지려면 많은 시간이 필요하다. 시장에 당분간 주택 수는 그대로다. 전입 인구가 50%나 늘었으니, 시장에 매물이 나오면 바로바로 거래되고, 가격도 하루가 다르게 상승할 것이다.

절대적인 기준보다는
지역 특징에 맞는 기준으로 바라봐야 한다

이렇듯 부동산 시장 상황은 지역에 따라 천차만별이다. 시간이 흐른다고 해도 크게 달라질 것은 없다. 그러므로 인구가 늘어난다고 해서 가격이 상승하고, 인구가 줄어든다고 해서 가격이 하락한다는 단순 논리는 많은 오류를 만들 수밖에 없다. 사람들이 보편적으로 선호하는 지역과 집이 있고, 그렇지 않은 경우가 있기 때문이다.

앞으로도 이런 흐름은 변함이 없을 것이다. 인구가 줄고, 가구 수가 줄어도 사람들이 선호하는 지역과 집은 한정적이고, 그곳으로 수요는 계속 집중될 것이다. 누구나 살고 싶어 하는 지역과 집은 계속 오른다.

그리고 마지막으로 한 가지 더, 정말 극단적으로 실제 인구가 감소하기 시작하는 2030년을 정점으로 수년 안에 가구 수까지 줄어든다고 예상된다면, 대략 2035년쯤에는 모든 이의 예상을 깨고 실제로 우리나라 전체 집값이 하락할 수도 있다. 그런데 실제 그런 일이 벌어진다고 하더라도, 앞으로 15년이 더 남았다. 그때까지 내 집 없이 기다릴 것인가? 판단은 자신의 몫이다.

돈이 없는데
집을 어떻게 사나요?

집을 마련하려면 많은 돈이 필요한 것은 사실이다

부동산은 하루아침에 모든 돈을 잃을 수 있는 다른 투자 대상에 비해 안정적이라는 장점이 있다. 멀쩡히 있던 집이 한순간에 사라지는 일은 거의 없다. 천재지변으로 건물이 소실되어도 해당 부동산에 대한 권리가 살아 있는 한 제삼자에게 언제든 내 권리를 주장할 수 있고, 처분도 가능하다.

설령 부동산 시장이 침체기가 접어들어도 소폭의 조정은 있을지언정, 한순간에 집값이 반토막이 나는 일도 없다. 그러나 이렇게 큰 장점이 있는 반면에 단점도 있다. 가장 큰 단점을 들자면, 아무리 소액 투자라고는 해도, 적어도 천만 원 단위 이상의 큰돈이 필요하다는 것이다. 부동산의 관점에서만 본다면 1억 원 미만은 분명 소액이 맞다. 하지만 지극히 적은 돈으로 누구나 할 수 있는 코인이나 주식에 비해 월등히 많은 돈이 필요한 것이 사실이다. 나에게 집이 필요하다는 당위성이 있더라도, 부담이 되는 것이 사실이다. 자금 부담은 투자도 투자지만, 내가 직접 거주할 집을 마련하는 데도 아주 큰 영향을 미칠 수밖에 없다.

나는 진짜 돈이 없는 것일까?

그런데 여기서 한 가지 생각해볼 것이 있다. 나는 진짜 돈이 없어서 집을 사지 못하고 있는 것일까? 부동산을 한 번도 경험하지 못한 사람은 대부분 이런 생각을 한다. 하지만 내가 가진 돈의 범위를 알면, 정말 돈이 없는 사람은 그다지 많지 않다는 것을 알게 된다.

먼저 지금 당장 내 통장에 돈이 얼마나 있는지를 체크해보자. 당장 써야 할 뚜렷한 목적이 있는 돈을 잠시 통장에 넣어 두었거나, 정말 재테크의 '재' 자도 모르는 사람이 아니라면, 모르긴 몰라도 그다지 많은 현금이 있지 않을 것이다. 사람들은 대부분 고정된 수입을 얻고, 그 수입을 기반으로 한 달 계획을 세우고 살아간다. 아무리 월급이 올라도, 연말 보너스를 받아도 통장 잔고는 거의 그대로다.

여기까지만 보면 수억 원대의 집을 사기에는 턱없이 부족한 것이 맞다. 그런데 누구나 적금이나 연금보험을 갖고 있고, 급여의 차이가 있을 뿐, 비록 비정규직 상태라도 대부분 직장도 있을 것이다. 무주택자라면 언젠가는 입지 좋은 곳에 화려한 외관을 자랑하는 신축아파트에 살고 싶은 희망에 청약통장을 만들어서 매달 꾸준히 납입 중일 것이다. 설령 꾸준히 납입하지는 못해도 어쨌든 청약통장 하나쯤은 누구나 갖고 있다. 이들을 적극 활용하면 가용자금이 대폭 늘어난다.

예금 및 적금을 들어 집 살 돈을 모은다?

필자는 상담할 때, 은행에서 파격적인 예금금리를 적용해준다고 해도 적금이나 예금통장은 만들지 말라고 하는 편이다. 조금 더 자세히 표현하면, 돈을 모으는 행위 자체를 하지 말라고 조언한다. 이유는 아무리 높은 금리를 적용받아도 결국은 손해이며, 시간이 흐르면 흐를수록 손해는 더 커지기 때문이다. 속도와 시점의 차이만 있을 뿐, 큰 틀에서 대출금리와 물가는 흐름을 같이 한다. 대출금리가 오르면 물가도 오르고, 물가가 오르면 대출금리도 오른다는 뜻이다.

그런데 대출금리와 예금금리는 어떤 관계에 있을까? 은행도 엄연히 이윤을 추구하는 사기업이고, 돈을 빌려주고 받는 이자가 고객에게 돌려주는 이자보다 높아야 은행 직원 월급도 주고, 운영도 할 수 있다. 즉 아무리 파격적인 대우를 해주어도 예금금리는 대출금리보다 절대 높을 수가 없는 것이다. 적금을 넣는 액수가 클수록, 적금을 넣은 기간이 길수록 물가는 오르고, 화폐가치가 하락해, 결국 내가 가진 현금의 가치는 갈수록 줄어들게 된다. 만약 집을 사려고 돈을 모으고 있다면, 지금 당장 예금 및 적금을 해지하고 현금화해야 한다. 그리고 대출을 받아서 능력이 허락하는 한 가장 입지가 좋은 집을 사고, 적금을 넣던 돈으로 매달 대출이자와 원금을 상환하는 형태로 바꿔야 한다.

직장이 있는 사람은 자금 조달이 더 쉽다

직장이 있으면 일이 많든 적든, 때가 되면 정해진 월급이 들어온다. 일을 많이 했다고 해서 지난달보다 더 많은 월급을 받지는 못하지만, 매달 계산이 서는 수입이 있다는 것은 큰 위안이 된다. 그리고 직장은 매달 들어오는 월급 외에도 집을 마련할 때 가용할 수 있는 주요 자금 조달처가 된다. 주택담보대출과 전세자금대출은 복잡한 규제로 묶여 있어 주택매입자금으로 활용하기 힘든 것을 감안하면, 연봉의 최대 200%까지는 무리 없이 신용대출이 가능하기 때문이다. 모든 금융권에서 프리랜서나 자영업자에 비해 한도와 조건이 훨씬 후한 편이다. 물론 2021년 9월부터 우리나라 5대 은행을 시작으로, 전국의 모든 은행이 일제히 신용대출이 연 수입의 100%를 넘지 못하도록 규제에 들어갔다. 그러나 그렇다고 해도 여전히 연봉을 담보로 한 신용대출과 마이너스통장 등을 활용할 수 있다.

현행 제도상 신용대출 1억 원 미만까지는 주택매입자금으로 활용할 수 있다. 최대 한도가 1억 원이라면, 대략 연봉이 3천만 원 정도만 되면, 누구나 신용대출과 마이너스통장 등을 활용해 수억 원짜리 집을 살 수 있다는 뜻이 된다. 비록 신용대출 1억 원에 추가 자금을 더해도 수도권에서 실거주할 입지 좋은 아파트 1채를 마련하기는 힘들 수도 있지만 앞서 예를 든 것처럼, 계속 전세나 월세로 살면서, 전세를 끼고 투자 목적의 주택 1채를 매수하는 것은 가능하다.

1억 원의 신용대출을 받으면, 대략 매월 이자만 30만 원 정도가 나온다. 여기서 이자를 아깝다고 생각하면 안 된다. 오히려 매달 30만 원씩 저축한다고 생각하자. 입지가 매우 떨어지는 이상한 곳에 집을 사지만 않는다면, 아마도 2년여가 지났을 때, 매달 30만 원을 저축한 것보다 집값이 훨씬 많이 올라 있을 것이다.

구체적으로 풀어보자. 한 달에 30만 원씩을 저축해봐야 2년이면 고작 720만 원이 된다. 그런데 시세 3억 원의 집을 전세 2억 원을 끼고, 내 돈 1억 원을 더해 집을 사면, 물가상승률 수준인 5%씩만 집값이 올라도 2년이면 10%다. 즉 3억 원짜리 집은 2년 후에 3억 3천만 원이 된다. 작은 생각의 차이가 720만 원을 3천만 원으로 바꾸는 것이다. 양도소득세와 매달 나간 이자를 감안해도 저축을 할 때보다는 대략 2천만 원은 수익이 더 발생한다. 내 집 없이 살면서 매달 정해진 돈을 저축할 것이 아니라, 매달 저축할 수 있는 돈으로 감당할 수 있는 범위 내에서 신용대출을 받아 가용자금으로 활용해야 한다. 참고로 신용대출을 조금이라도 낮은 금리로 이용하기 위해서는 평소 가장 많이 이용하는 주거래은행에 문의하는 것이 좋다.

당장 손에 쥔 돈이 전부가 아니다

이처럼 내가 당장 손에 쥐고 있는 돈만 내 돈이 아니다. 마음만 먹으면 언제든 쉽게 현금화할 수 있는 것, 금융상품, 주식, 연금보험 등은 물론이고, 입사한 지 3개월 이상 된 직장까지 모두 집을 살 때 활용 가능한 자금의 출처가 될 수 있다. 적금 만기가 코앞이라 해지하기 아깝다고, 당장 눈앞에서 이자 나가는 것이 아깝다고 생각해서는 지금도 그리고 앞으로도 내 집은 없다. 이런 사소한 것으로 망설이는 사이에 내가 살 수 있는 집의 수는 점점 감소하고 있다는 것을 잊지 말았으면 좋겠다.

06

대출받아 집을 사면
평생 은행의 노예가 되는 것인가요?

대출은 빛이다?

대출을 받으면 상환기간이 정해진다. 매달 약속된 금리만큼 이자를 내야 한다. 그리고 이자를 일정기간 이상 연체하면, 근저당권을 설정해둔 은행의 처분행위에 의해 집은 경매로 넘어간다. 여기까지만 보면 대출은 영락없는 빛이 맞다. 그러나 나에게 일정한 수입이 있고, 수입에서 감당할 수 있는 범위 내에서 대출을 받았다면, 대출이자를 상환하지 못해 실제로 집이 경매로 넘어가는 일은 흔치 않다. 특히 집값에 비해 대출비율이 낮은 편이라면, 설령 몇 달째 이자를 상환하지 못하고 있어도, 은행에서 조금 더 유예기간을 주는 경우도 많다. 집을 경매에 넘겨서 이것저것을 제외하더라도 채권 회수에 아무런 지장이 없기 때문이다. 그런데 왜 아직도 대출은 빛이라고 생각하는 사람이 많은 것일까? 그 이유는 당장 나가는 이자만 눈에 보이고, 대출을 활용해서 얻게 될 이익은 아직 체험한 적이 없기 때문이다.

생각의 차이가 많은 것을 바꾼다

투자하는 경우는 일단 논외로 하고, 대출을 받아서 오직 내가 살 집 1채를 사는 경우를 생각해봐도 대출의 위력을 알 수 있다.

현재 세입자가 3억 원 전세로 살고 있는 시세 4억 원의 집이 있다. 입사 3년 차인 현 직장에서 연봉 3천만 원을 받는 A씨는 세금을 제외하고 매달 230만 원 정도를 받는다. 30만 원씩 적금을 넣고 있고, 통장에는 현금 1천만 원이 있다고 가정한다. A씨는 만기와 상관없이 지금 당장 적금을 해지하고 현재 보유한 현금 1천만 원을 더해 2천만 원의 현금을 확보했다. 주거래은행에서 신용대출로 8천만 원을 빌려서 1억 원을 마련했다. 그동안 매달 넣는 적금 30만 원으로는 신용대출 8천만 원에 대한 이자를 상환하며 유지하다가, 2년 후에는 이 집으로 입주할 계획이다.

일단 A씨는 월급에서 적금을 넣는 상태를 계속 유지해서는 절대 이 집을 살 수 없다. 3년간 열심히 매달 30만 원씩 모았다고 해도 적금통장 잔고는 1천만 원이 조금 넘는 수준이다. 향후 2년간 더 유지한다고 해도 채 2천만 원이 안 된다. 집값이 오르는 것도 문제지만, 정말 보수적으로 2년간 집값이 하나도 안 올라도, 현 상태를 계속 유지해서는 수도권 평균 집값보다도 낮은 시세인 4억 원의 집조차 매수할 엄두도 못 내는 것이다.

그런데 앞의 예시처럼 대출을 이용하면 여러 가지 메리트가 있다. 첫 번째는 생각만 바꿨을 뿐인데, 집을 살 엄두도 못 내던 상태에서 바로 집 1채를 살 수 있는 자금을 마련할 수 있다. 매달 적금을 넣던 돈으로 이자를 내는 것이므로, 당장 생활에도 아무런 변화가 없다. 두 번째는 지금까지 유지한 기간 3년에 향후 2년을 더해 총 5년간 적금을 들어 마련한 돈보다, 훨씬 큰 수익을 낼 수 있다. 5년간 적금 총액은 많아야 2천만 원 수준이지만, 시세 4억 원의 집은 10%만 올라도 4억 4천만 원이 된다. 세 번째는 집값을 더이상 오르지 못하도록 고정시킬 수 있고, 대출을 상쇄하는 효과가 있다. 설령 2년 후에 집값이 4억 4천만 원이 되어도 나는 4억 원일 때 이 집을 샀으니, 집값 상승에 대한 부담이 없다. 그동안 집값이 4천만 원이 올랐고, 대출은 8천만 원이니, 결국 내가 대출받은 돈은 4천만 원만 남은 셈이 된다. 그리고 향후 집값이 더 오르면, 오른 만큼 대출은 상쇄되는 것이고, 어느 순간 대출받은 금액만큼 집값이 오르면, A씨는 대출 하나 없이 집을 1채 보유한 것이 된다.

대출은 지렛대다

이렇듯 생각만 바꾸면 대출은 빚이 아니라, 더 쉽게 자산을 늘릴 수 있도록 도와주는 지렛대 역할을 한다. 억 단위의 큰돈을, 그것도 1년에 고작 3%도 안 되는 저리로, 그것도 35년이라는 기나긴 기간 동안, 누가 나를 믿고 빌려줄 수 있을까? 내가 은행의 노예가 되는 것이 아니라, 내 자산을 늘리는 데 은행이라는 도구를 이용하는 것이다.

오로지 내 힘으로 집을 마련하고, 자산을 늘리려면 어마어마한 시간이 필요하거나, 어쩌면 아예 불가능할 수도 있다. 법을 어기거나, 누군가가 피해를 보는 상황이 아니라면, 시장의 흐름에 동참하는 것은 질서 교란 행위가 아니라, 삶의 지혜인 것이다. 부동산 시장의 흐름과 돈이 돌아가는 원리를 이해하고, 하루라도 빨리 내 집을 마련해야 한다. 나의 실질적인 자산 증식은 생각을 전환하는 그 순간부터 시작된다는 것을 잊지 말자.

07

변동금리로 대출받아서 집 샀다가
금리가 오르면 어떡해요?

고정금리 vs 변동금리

대출의 파급효과와 활용방법을 알았으니, 이제부터는 가급적 효율적으로 대출을 잘 받는 것이 중요하다. 대출금리는 크게 고정금리와 변동금리로 구분된다. 고정금리는 기준금리가 오르거나 내려도 처음 약정한 대로 만기가 될 때까지 처음 금리가 유지되는 것을 말한다. 기준금리가 급격하게 상승해도 신경 쓸 필요가 없다는 장점은 있다. 하지만 상대적으로 변동금리에 비해 높은 금리가 책정된다는 것과 기준금리가 아무리 내려도, 별다른 혜택을 받을 수 없다는 것은 단점으로 볼 수 있다. 반면 변동금리는 처음 약정한 금리가 있어도 기준금리가 오르거나 내리면 그에 맞게 탄력적으로 변동되는 금리를 말한다. 기준금리가 급격하게 내리면 적용되는 금리 역시 내려가니 이자 부담이 줄어드는 장점은 있다. 반대로 기준금리가 오르면 이자 부담이 증가한다는 것은 단점이다. 그렇다면 어떤 방식을 선택해야 할까?

금리 변동의 이자 부담

필자는 가급적이면 변동금리 상품을 이용하라고 권하는 편이다. 이유는 고정금리보다 금리가 낮고, 기준금리가 변해도 금리 변동 폭은 생각보다 크지 않기 때문이다. 예를 들어서 이해를 돕겠다. 2억 원을 35년간 금리 3% 원리금균등상환 조건으로 대출을 받았다. 6개월 후에 4%로 금리가 인상되었다고 가정해보자.

아무리 기준금리가 급격히 오르는 추세라고 하더라도, 한 번에 1%씩 오르는 경우는 없다. 하지만 정말 극단적으로 6개월 뒤에 1%가 상승했다고 가정하더라도, 추가적으로 부담해야 할 이자는 16만 원 정도 수준이다. 평범한 사람이 한 달에 16만 원 더 나간다고 해서 생활이 급격하게 힘들어지지는 않는다. 그리고 통상 변동금리 상품은 금리가 많이 올라도 0.2~0.3% 수준이니 어림잡아 생각해봐도 증가하는 이자 부담은 4~5만 원 수준이다. 만약 대출원금이 예시로 잡은 2억 원보다 더 적다면, 추가로 부담해야 할 이자 역시 더 줄어든다.

더욱이 지금까지는 금리가 오르는 경우만 생각했지만, 기준금리가 내리는 추세라면, 내린 만큼 이자 부담도 줄어드니 여러모로 이득인 셈이다. 그럴 가능성도 없겠지만, 금리가 너무 많이 올라 부담이 된다면, 이자 부담이 덜한 다른 상품으로 갈아타도 된다. 즉 변동금리 상품을 이용했다가 금리가 오르면 이자 부담이 늘어나는 것은 사실이지만, 그 증가폭은 미미한 수준이다. 상황에 따라 얼마든지 다른 상품으로 대환도 가능하니, 처음부터 이자 부담이 큰 고정금리 상품보다 변동금리 상품이 낫다고 볼 수 있다.

금리 1% 상승으로 부담하게 될 이자 비교

(금리 1% 상승 전)   (단위 : 원)

회차	납입원금	대출이자	월상환금	대출잔금
1	269,700	500,000	769,700	199,730,300
2	270,375	499,326	769,700	199,459,925
3	270,051	498,650	769,700	199,188,874
4	271,728	497,972	769,700	198,917,146
5	272,408	497,293	769,700	198,644,739
6	273,089	496,612	769,700	198,371,650
7	273,771	495,929	769,700	198,097,879
8	274,456	495,245	769,700	197,823,423
9	275,142	494,559	769,700	197,548,281
10	275,830	493,871	769,700	197,272,452
11	276,519	493,181	769,700	196,995,932
12	277,211	492,490	769,700	196,718,722
13	277,904	491,797	769,700	196,440,818
14	278,598	491,102	769,700	196,162,220
15	279,295	490,406	769,700	195,882,925

(금리 1% 상승 후)

회차	납입원금	대출이자	월상환금	대출잔금
1	218,612	666,667	885,549	199,781,117
2	219,612	665,937	885,549	199,561,505
3	220,344	665,205	885,549	199,120,081
4	221,079	664,471	885,549	199,120,081
5	221,816	663,734	885,549	198,898,265
6	222,555	662,994	885,549	198,675,710
7	223,297	662,252	885,549	198,452,413
8	224,041	661,508	885,549	198,228,372
9	224,788	660,761	885,549	198,003,583
10	225,538	660,012	885,549	197,778,046
11	226,289	669,260	885,549	197,551,757
12	227,044	658,506	885,549	197,324,713
13	227,800	657,749	885,549	197,096,912
14	228,560	656,990	885,549	196,868,353
15	229,322	666,228	885,549	196,639,031

조금이라도 더 좋은 대출상품을 이용하는 방법

보통 처음 대출을 받는 사람은 자신이 꾸준히 거래해오던 주거래 은행을 찾아가기 마련이다. 그런데 이는 반은 맞고, 반은 틀린 방법이다. 무엇이든 경쟁을 붙이고, 가격비교를 하면 더 좋은 조건을 만날 가능성이 높다. 하지만 신용대출은 다른 은행과 비교를 해봐도 주거래은행 상품을 이용하는 것이 더 나은 경우가 많다. 그러나 담보대출은 언제, 어느 은행을 이용하느냐에 따라 조건이 많이 달라진다.

담보대출을 이용하는 경우라면 이렇게 해보자. 포털사이트 검색창에 대출 관련 키워드를 아무거나 넣고 검색을 한다. 대출상담사들이 올려놓은 수많은 글이 검색된다. 그중에서 아무거나 클릭하고 들어간다. 해당 글 내용을 살펴보면 어딘가에 대출상담사의 대표번호가 있는데, 그 번호로 희망 대출금액, 거주지, 현재 보유하고 있거나 새로 매수할 예정인 집의 동호수와 함께 적절한 담보대출 상품을 안내해달라는 내용의 문자를 보낸다. 늦어도 10분 이내에 대출상담사로부터 전화가 올 것이다. 상담에 필요한 몇 가지 사항을 더 물어보고 바로 적절한 상품을 추천해준다. 이때 추천해주는 상품은 단순히 상품명과 금리만 안내하는 것이 아니다. 현 시점에서 가장 저렴한 금리를 제공하면서, 의뢰인의 거주지와 가장 가까운 지점을 연결해준다. 즉 똑같은 조건이라도 시점이 하루만 달라도, 그리고 거주지가 달라져도 대출조건은 달라진다고 보면 된다. 통상 고정금리상품, 1금융권 변동금리 상품, 2금융권이나 보험사 상품 이렇게 3개를 추천해준다. 그중에서 1금융권 변동금리 상품을 선택하면 된다. 포털사이트에서 검색되는 상담사들의 능력은 거의 차이가 없다. 누구에게 문의하더라도 같은 답변을 받게 될 가능성이 높다. 그러므로, 가장 눈에 들어오는 상담사의 글을 클릭하고 들어가서 문의하면, 현 시점에서 가장 이상적인 상품을 추천해줄 것이다.

2장

내 집 마련을 앞둔 사람의 현실적인 고민

08

무주택자인데, 그냥 집을 살까요?
아니면 청약에 도전할까요?

집을 산다 vs 청약에 도전한다

정말 많은 상담을 받았던 주제다. 실제로 내 집 마련을 하지 못했거나, 내 집 마련을 앞둔 사람들이 가장 궁금해하는 내용이다. 부동산에 대한 지식과 경험이 없는 사람은 하루가 다르게 집값은 오르는데, 청약에 당첨될 기미는 보이지 않아 조급한 마음이 든다. 하지만 당장 청약을 포기하고 집을 사야 할 사람인지, 지금 집을 사버리면 모든 유리한 조건이 사라져 계속 청약에 도전하는 것이 나은 사람인지는 단 1분이면 명확하게 구분할 수 있다.

청약 포기하고, 지금 당장 집을 사야 하는 사람은?

이것저것 생각하지 말고 지금 당장 집을 사야 하는 사람을 바꿔 말하면, 현실적으로 청약에 당첨될 확률이 희박한 사람이다. 우리나라 청약제도는 유주택자보다는 무주택자가, 무주택자 중에서도 무주택기간이 오래되고, 부양가족 수가 많을수록 더 많은 기회가 주어진다. 이런 조건들을 모두 충족하면 당첨이 될 확률이 급격하게 높아진다. 즉 한 번이라도 주택을 소유한 적이 있거나, 나이가 어리거나, 미혼이거나, 결혼했어도 자식을 낳을 계획이 없는 경우라면 청약에 계속 도전할 것이 아니라, 과감하게 지금 당장이라도 집을 사야 한다. 그렇다면 하나씩 세부적으로 그 이유를 정리해보자.

① 주택을 소유한 적이 있는 경우

주택을 소유한 적이 있다는 것은 내 명의로 내가 직접 집을 사고, 팔아본 것은 물론, 과거 어릴 때 부모님의 절세 전략으로 잠시 명의만 올려 두었던 것도 포함한다. 또 친척 및 지인이 부동산 투자를 하면서 세금을 아끼고자 집을 매수할 때 들어갔던 모든 자금과 실제 그 집에 대한 권리 행사는 친척이나 지인이 하지만, 명의만 빌려준 것도 모두 포함된다.

의도와 과정이야 어찌 되었건 나는 잠시나마 주택을 소유한 이력이 있는 것이다. 그 주택을 매도한 후부터 다시 무주택자가 된다. 이는 전체적인 무주택기간 가점을 낮게 하는 원인임은 물론, 생애 최초 특별공급 지원자격도 상실된다. 요즘같이 청약 광풍 시대에는 생애 최초 자격 유무는 당첨 확률에 굉장히 큰 영향을 미친다. 그리고 특정 대출상품을 이용하지 못하는 등 생애 최초자가 누릴 수 있는 크고 작은 혜택들을 모두 상실하는 것임을 의미한다. 따지자면 내가 직접 권리를 행사하지 않는 집에 명의만 빌려주는 것은 엄연히 불법이나, 실제 처벌받을 확률은 지극히 낮다. 그러나 무심코 행했던 불법행위가 진짜 내 집을 마련할 때는 크고 작은 걸림돌로 돌아오는 것이다. 훗날 나에게 어떤 형태의 불이익으로 돌아올지 모르니, 애초부터 명의를 빌려주는 행위는 하지 말아야 한다.

② 나이가 어린 경우

청약통장은 빨리 만들수록 좋다고 하지만 그렇다고 해서 청약통장을 보유했던 모든 기간을 가입기간으로 인정해주는 것은 아니다. 갓난아기일 때 만든 청약통장도 만 18세의 생일이 지나는 그 시점부터 가입기간으로 인정이 되니, 대학생이나 사회초년생은 아무리 독립된 세대를 이루고, 일정한 수입이 있더라도 청약통장 가입기간에서 높은 점수를 받을 수 없는 것이다. 물론 청약통장을 증여받는 방법도 있지만, 이번 장에서는 일반적인 경우를 설명했다. 청약통장 증여에 대해서는 4장에서 구체적으로 다루도록 한다.

③ 미혼 또는 자녀 계획이 없는 기혼의 경우

청약가점에서 가장 큰 비중을 차지하는 것은 부양가족가점이다. 부양가족가점을 계산하는 공식이 있지만, 그냥 편하게 나를 포함한 모든 가족 수에 5를 곱하면 나의 부양가족가점이 된다. 예를 들어 자녀 없이 부부만 사는 경우라면 10점, 자녀를 2명 둔 부부라면 20점이 되는 것이다. 만약 현재 미혼이면서 앞으로도 결혼할 계획이 없거나, 결혼했어도 자녀가 없는 경우라면, 35점 만점인 부양가족가점에서 최대 30점을 잃게 된다. 하루가 다르게 경쟁이 치열해지고, 당첨가점이 높아지는 현실을 감안하면, 부양가족가점에서 30점씩 잃어서는 도저히 당첨을 기대하기 힘들다.

청약 당첨 확률이 낮다면, 이렇게 하자

냉정하게 판단했을 때 자신이 앞서 열거한 3가지 경우 중 하나에 속한다면, 지금이라도 청약에 도전하는 것을 멈추고 집을 사야 한다. 청약은 그저 묵묵히 계속 도전하면 언젠가는 당첨이 되는 복권과 같은 개념이 아니다. 집값은 하루가 다르게 오르지만, 무주택기간, 청약 통장 가입기간, 부양가족 수에서 각각 주어지는 가점은 일정 조건을 채워야 얻을 수 있다. 하루아침에 많은 가점을 한꺼번에 얻을 수는 없다는 뜻이다. 확률이 거의 없는 싸움에 도전하느라 시간을 보내면 안 된다. 주변 집값은 계속 오르고, 청약에 당첨은 되지 않아, 어느 순간부터는 정말 이러지도 저러지도 못하는 상황이 올 수도 있다.

만약 자신이 앞에서 열거한 3가지 경우에 해당된다면, 지금 당장 집을 사고, 1주택자 처분 조건으로 추첨제로 청약에 도전하기를 권유한다. 비록 규제가 심한 지역일수록 추첨제로 선발하는 비중이 줄어들고, 추첨제 물량은 중대형 평형대 이상에만 몰려 있으니 높은 분양가도 부담이기는 하다. 하지만 이미 내 집이 있으니 주변 집값이 아무리 올라도 조급할 필요가 없다. 마음 편하게 내 집에 살다가 아주 낮은 확률이지만 추첨제로 당첨이 되면, 그때 살고 있는 집을 약속된 처분기간 내에 처분해서 나머지 잔금을 마무리하고 입주하면 된다. 이 전략은 당첨이 되면 좋고, 당첨이 되지 않아도 전혀 문제 될 것이 없다는 점이 장점이다. 어차피 가점이 낮은 사람은 추첨제로 청약에 도전해야 한다. 물론 무주택자가 1주택자에 비해 추첨제로 청약하는 경우가 아주 조금 당첨 확률이 높은 것은 사실이지만, 미미하게 확률을 조금 높이자고 하루가 다르게 오르는 집값을 그저 바라보고만 있는 것은 너무나도 위험한 생각이다. 언제 당첨될지 장담할 수 없는 청약에 계속 도전하느라 전세로 살면서 자산을 깎아 먹을 것이 아니라, 미리 내 집을 마련해서 청약에도 계속 도전하고, 자산가치 역시 높이자는 것이다. 이 전략을 머릿속으로 이해하고 실전에 적용할 수 있다면, 이미 당신은 초보가 아니다.

09

내 집 마련에 필요한 자금 조달은
어떻게 해야 하나요?

돈 모아서 집을 산다고?

부동산에 대한 경험이 없는 사람은 향후 재테크 계획이나 내 집 마련 계획을 물으면 하나같이 어느 기간까지 얼마 이상을 모아서 집을 사겠다는 말을 한다. 물론 열심히 일해서 얻은 대가를 알뜰하게 모아 내 집을 마련하겠다는 것은 너무나도 이상적인 생각이다. 하지만 안타깝게도 지금은 물론이고, 앞으로 시간이 흐르면 흐를수록 현실성하고는 점점 괴리가 생길 수밖에 없는 계획이다. 그렇다면 돈을 모으지 않고, 어떻게 해야 내 집 마련에 필요한 돈을 마련할 수 있을까? 어떤 전략을 세워야 할지 구체적으로 확인해보자.

집은 이렇게 사는 것이다

현실적으로 가진 현금이 많지 않고, 전세로 살고 있는 상태에서 시세 4억 원 상당의 집을 매수하는 상황을 생각해보자.

A씨는 전세 3억 원에 살고 있고, 시세가 약 4억 원 정도 되는 아파트를 매수하려고 한다. 그 아파트에 살고 있는 세입자는 전세 만기

까지 2년 정도 남았지만, 기다리는 동안 시세가 더 오를 것 같아서 미리 사두려고 한다. 현재 그 집에는 세입자가 역시 전세 3억 원에 살고 있고, 통장에 있는 500만 원과 이것저것 해약하면 현금이 2천만 원 정도 될 것 같다.

연봉은 4천만 원 정도 된다고 가정하자. 현재 전세 보증금과 마련할 수 있는 현금까지 합치면 A씨가 가진 돈은 3억 2천만 원이다. 그렇다면 필요한 자금은 8천만 원인데, 아파트의 시세와 전세 보증금을 뺀 차액이 1억 원, 즉 소유권을 넘겨받는 데 필요한 돈이 1억 원이다. 연봉이 4천만 원이라고 했고, 통상 신용대출 한도는 연봉의 200%까지는 쉽게 실행되니 필요한 자금 8천만 원은 일단 신용대출로 충당한다. 그리고 신용대출받은 8천만 원과 이것저것 해약해서 마련한 돈 2천만 원을 합쳐서 매매가격과 전세보증금 차이만큼만 전 집주인에게 지불하고 소유권을 넘겨받는다. 신용대출은 새로 들어갈 집의 전세 계약기간 동안 이자만 상환하는 데 금리 3%를 적용해도 매달 15만 원씩, 2년 동안 고작 360만 원 수준이다. 2년이 지나서 전세 계약이 만료되면 전세 보증금을 찾아서 현재 세입자에게 돌려주고 A씨가 입주하는데, 입주하면서 그동안 이용했던 신용대출을 금리가 저렴한 담보대출로 전환한다. 비록 담보대출은 원금과 이자를 함께 상환해야 하지만, 상환기간이 35년 이상이기 때문에 부담이 크지 않다. 2년 동안 집값은 최소한 물가상승률 정도만 반영해도 처음 계약한 4억 원보다 최소 10% 이상 상승해 있을 것이다.

실거주와 투자 효과를 동시에 만족하자

한마디로 실거주와 투자 효과를 동시에 만족하는 전략인 것이다. 더욱이 이 전략은 현재 강화된 부동산 정책의 영향을 받지 않는다. 지금은 미래 가치가 있는 아파트의 대부분은 조정대상지역에 속해 있고, 조정대상지역 이상의 규제가 있는 지역에서 담보대출을 받으면 6개월 이내에 전입을 의무적으로 해야 한다. 전세자금대출 역시 집주인의 동의를 받아야 하는 번거로움이 있다. 투기과열지구 내 3억 원 초과 아파트를 구입하면 전세자금대출은 즉시 회수된다. 규제에서 비교적 자유로운 신용대출로 일단 전세를 낀 저렴한 매물을 매수하고, 의무전입 없이 시간을 벌자. 실제 입주할 때는 담보대출로 전환해 이자를 아끼는 전략이다.

지금까지 복잡한 규제 속에서 보편적으로 적용할 수 있는 전략을 설명했다. 세부적으로 보면 사람마다 상황이 분명 조금씩 다를 것이다. 현 정권에서는 대출받아서 집을 사는 것을 원천봉쇄하고 있지만, 여전히 방법은 있다. 이제부터는 개인 상황별로 활용할 수 있는 방법을 세부적으로 살펴보자.

신용대출은 규제에서 비교적 자유롭다

첫 번째 방법은 신용대출을 활용하는 전략이다. 여기서 말하는 신용대출이란, 연봉이나 연 수입을 담보로 받는 신용대출은 물론이고, 마이너스통장이나 기타 신용을 담보로 받을 수 있는 모든 대출을 의미한다.

2021년 1월 기준으로 신용대출 역시 약간의 규제를 받고 있는데,

연봉이 8천만 원 이상이면서, 신용대출금액이 1억 원을 초과할 경우에 대출이 제한될 수 있다. 그런데 여기서 중요한 것이 있다. 대출이 제한될 수도 있다는 것이지, 무조건 제한된다는 뜻은 아니다. 즉 연봉이 8천만 원이 넘고, 대출금액이 1억 원을 초과해도 기타 보유재산이나 신용등급에 따라서 얼마든지 달라질 수 있다는 뜻이다. 똑같은 연봉 8천만 원이라도 전세로 사는 사람과 주택을 보유한 사람은 차이가 있을 수 있다는 뜻이다. 더욱이 신용대출로 1억 원 이상을 받으면 연봉 액수와는 상관없이 대출받은 날로부터 1년 이내에 조정대상지역 이상의 규제를 받는 지역에서 주택을 매수하면 무조건 2주 안에 상환해야 한다.

그렇다면 신용대출을 활용한 가장 현실적인 방법은 무엇인지 궁금해진다. 현재 시행되고 있는 신용대출 규제 범위 내에서 신용대출을 활용한 투자 방법은 무엇이 있을까?

현재 높은 전세가율과 지속적으로 상승하고 있는 전세 보증금을 활용해 가용자금 1억 원을 넘지 않는 선에서 자유롭게 신용대출로 자금을 조달하는 방법을 생각해볼 수 있다.

대출을 받고 정해진 날짜 안에 무조건 입주해야 하는 부담도 없고, 입주 전까지 소액의 이자만 상환하다가 입주와 동시에 금리가 저렴한 담보대출로 전환해서 수익과 생활의 편의를 동시에 충족하는 방법이 가장 현실적이다.

만약 새로 들어갈 집의 전세계약기간이 1년 이상 남았거나, 지금 당장은 아니라도 언젠가는 집을 사야겠다는 계획이 있다고 가정하자. 아무래도 신용대출을 받아야 할 금액이 1억 원을 넘을 것 같다면, 하루라도 빨리 미리 받아 두는 방법도 좋다. 이 방법은 대출 실행일 부터 1년 이내에 주택을 사면 안 되기 때문에 새로 들어갈 집의 전세계약기간이 1년 이상 남은 경우에 활용하면 좋다. 다만 이 방법은 1년을 기다리는 사이에 관심 있게 보던 아파트 가격이 더 오르면 정확하게 얼마의 자금이 필요할지 알 수 없다는 것이 단점이다. 필요한 만큼 추가로 대출을 받게 되면, 추가로 받은 날부터 또 1년을 기다려야 하기 때문이다.

금리가 가장 낮은 전세자금대출을 활용하라

두 번째 방법은 전세자금대출을 활용하는 방법이다. 현재 전세자금대출의 규제내용은 전세자금대출을 받아서 투기지역이나 투기과열지구, 또는 투기지역과 투기과열지구로 동시에 지정된 지역에서 3억 원을 초과하는 주택을 매입하면, 받았던 전세자금대출에 대해서는 액수 상관없이 전액 회수당하게 된다.

□ (개선) ❶투기지역·투기과열지구 내 시가 3억원 초과 아파트를 신규 구입하는 경우도 전세대출 보증 제한 대상에 추가

❷전세대출을 받은 후 투기지역·투기과열지구 내 3억원 초과 아파트를 구입하는 경우 전세대출 즉시 회수

□ (적용시기) 보증기관 내규 개정 시행일 이후

ㅇ (❶번 사항) 투기지역·투기과열지구 내 3억원 초과 아파트를 신규 구입하는 경우부터 적용

출처 : 국토교통부

그렇다면 전세자금대출을 활용했을 때는 어떤 전략을 생각해볼 수 있을까? 전세자금대출로는 투기지역이나 투기과열지구에 속한 아파트를 매수할 수 없다고 했다. 그렇다면 방법은 2가지다.

첫 번째는 필요한 자금을 전세자금대출을 받아 투기과열지구에서 매매가 3억 원을 넘지 않는 집을 매수하는 것이다. 그러나 현재 투기과열지구 이상의 규제를 받는 지역에서 미래 가치를 갖춘 집이 3억 원을 넘지 않는 경우를 찾기는 쉽지 않으므로 현실과는 다소 괴리가 있다고 하겠다.

두 번째는 조정대상지역이나 비규제지역에서 미래 가치를 갖춘 아파트를 자유롭게 매수하는 것이다. 다시 강조하지만 전세자금대출에 대한 제한은 투기지역이나 투기과열지구에 한해서 규제한다. 따라서 조정대상지역이나 아무런 규제가 없는 비규제지역은 전세자금대출을 활용해서 주택을 매수하는 데 아무런 지장이 없다는 뜻이다.

미래 가치를 가진 아파트가 조정대상지역에 많고, 전세자금대출이 담보대출이나 신용대출에 비해 금리가 낮은 만큼 하나의 틈새시장으로 활용하면 좋다.

대출 하나 없이 집이 2채가 된다고?

세 번째 방법은 대출이 아니라 세입자의 전세 보증금을 활용하는 방법이다. 전세 보증금을 활용하는 방법은 어느 정도 면적이 있는 집이 필요한 가족 단위보다는 1인 가구를 구성한 사람이 주택을 1채 이상 소유한 상태에서 유용하게 활용할 수 있다. 그 이유는 내가 거주할 집을 마련하는 데 큰 자금이 필요하지 않기 때문이다. 집 1채를 소유한 1인 가구가 자신이 살던 집을 먼저 전세를 준다. 최근에 전세가 폭등으로 수도권 지역 대부분은 전세가율이 70% 이상인데, 시세 5억 원의 집이면 3억 5천만 원은 전세 보증금으로 받을 수 있다.

자, 이제부터는 선택지가 2가지다. 첫 번째는 기존에 내가 살던 지역보다는 하급지지만, 미래 가치를 갖춘 아파트가 있는 지역으로 간다. 기존에 살던 지역의 전세가면, 입지적으로 한 단계 낮은 지역으로 이동하면 전세가로 아파트 1채를 대출 없이 살 수 있다. 기존에 살던 집을 전세를 주고 받은 전세 보증금으로 내가 직접 거주할 새로운 집을 마련해서 실제로 거주할 수 있기 때문이다. 그렇게 되면 내가 거주할 내 집이 있고, 꾸준히 가격이 오를 아파트를 2채 가지는 형태를 만들 수 있다.

두 번째는 기존에 살던 지역보다 더 좋은 입지를 가진 지역에서 전세를 끼고 매수하고, 나는 별도의 주거공간에 거주하는 방법이다. 앞의 예시처럼 보증금 3억 5천만 원 중에서 2천만 원 정도를 떼서 내가 거주할 작은 월세방을 구하고, 매달 들어오는 수입으로 월세를 감당한다. 그리고 기존에 살던 지역보다 더 상급지에서 전세를 끼고 아파트를 매수한다. 이 방법은 첫 번째 방법에 비해 더 좋은 아파트를 매수했으니 전반적으로 수익은 더 커지지만, 내 거주환경이 불편해지는 불편함을 감수해야 한다.

기존에 살던 집에 이미 담보대출이 있다면?

그런데 기존에 살던 집이 1채라도 이미 담보대출을 받은 상태라면 어떻게 해야 할까? 이 경우는 첫 번째와 두 번째 경우를 혼합하면 된다. 기존 집을 전세 주고 받은 보증금을 크게 세 등분으로 분할한다. 일부는 현재 설정된 담보대출을 상환하고, 또 일부는 내가 거주할 작은 월세집 보증금으로 활용한다. 그리고 나머지 보증금으로 이번에는 상급지가 아니라 하급지로 이동해 역시 전세를 끼고 주택을 매수한다. 투자 수익은 첫 번째 경우만큼 기대할 수 있고, 내 주거환경이 불편해지는 단점은 있지만, 대출 하나 없이 투자 목적으로 집을 1채 더 늘리는 효과를 볼 수 있다.

나는 무주택자인가요?
유주택자인가요?

집이 있는데 무주택자라니?

얼핏 보면 바보스러운 질문 같다. 상식적으로 집을 소유하고 있으면 유주택자가 되는 것이고, 집을 소유하고 있지 않다면 무주택자가 되는 것인데, 이걸 헷갈리는 사람이 있다는 사실이 말이다. 그러나 그것은 어디까지나 물리적 관점이고, 법률적 관점에서 보면 엄연히 집을 소유하고 있더라도 무주택자로 간주되어 각종 혜택을 받을 수 있는 경우가 있다. 법률적으로 무주택으로 인정받을 수 있는 경우에 대해 상세히 다루어 보겠다.

소형저가주택이 뭐예요?

소형저가주택이라는 것을 들어본 적이 있는가? 말 그대로 법으로 정한 면적과 가격보다 면적이 작고, 가격도 저렴한 주택을 말한다. 소형저가주택으로 인정받기 위해서는 전용면적이 60㎡ 이하면서, 주택 공시가격이 수도권은 1억 3천만 원 이하, 지방은 8천만 원 이하, 이렇게 2가지 조건을 모두 충족해야 한다. 2가지 조건 중에서

한 가지만 충족하지 못해도 소형저가주택으로 인정받지 못한다. 처음 집을 매수할 때는 소형저가주택으로써의 조건이 맞았어도, 보유하면서 가격이 올라 조건을 초과했다면, 이 역시도 소형저가주택으로 인정이 되지 않는다. 혹시 이 조건에 부합하는 주택을 소유하고 있다면, 법적으로는 소유하지 않은 것으로 간주되므로 무주택자로서 여러 가지 혜택을 누릴 수 있다. 소형저가주택을 소유한 사람이 1순위로 아파트를 청약하는 경우라면 전혀 지장이 없다. 하지만 다자녀, 장애인, 신혼부부 특별공급에 청약하는 경우라면 소형저가주택은 주택이 있는 것으로 인정되어 청약이 불가능하다는 것은 상식으로 알아두어야 한다.

'소형·저가 주택 등'을 1호 또는 1세대만을 소유한 세대에 속한 경우 - '주택공급에관한규칙' 별표1 제1호 가목2

- 입주자모집공고일 현재 전용면적 60m^2 이하이며, 공시가격이 수도권 1억 3천만 원(비수도권 8천만 원) 이하인 1주택('소형·저가주택 등' 및 '분양권 등')을 소유한 세대에 속한 사람으로서 '주택공급에관한규칙' 제28조에 의한 민영주택의 일반공급 시 다음 요건을 충족하는 자에 한해 '소형·저가주택 등' 보유기간을 무주택기간으로 인정함.
  - 현재 '소형·저가주택 등' 소유자 : 입주자모집공고일 기준으로 '소형·저가주택 등' 1호 또는 1세대만을 소유한 경우
  - 현재 무주택자 : 종전에 '소형·저가주택 등'을 처분한 후 계속 무주택자로 있는 경우 → 해당 '소형·저가주택등'의 보유기간도 무주택으로 간주함.
- '소형·저가주택 등'의 가격은 다음의 구분에 따라 산정함. 다만, 2007년 9월 1일 전에 주택을 처분한 경우에는 2007년 9월 1일 전에 공시된 주택공시가격('부동산가격공시에관한법률' 18조에 따라 공시된 가격을 말함) 중 2007년 9월 1일에 가장 가까운 날에 공시된 주택공시가격을 따름.

(가) 입주자모집공고일 후에 주택을 처분하는 경우 : 입주자모집공고
일에 가장 가까운 날에 공시된 주택공시가격
(나) 입주자모집공고일 이전에 주택이 처분된 경우 : 처분일 이전에
공시된 주택공시가격 중 처분일에 가장 가까운 날에 공시된 주택공
시가격
(다) '분양권 등'의 경우 : 공급계약서의 공급가격(선택품목에 대한 가격
은 제외한다.)

출처 : 법제처

소형저가주택 100채를 갖고 있어도 무주택?

그렇다면 소형저가주택은 아무리 많이 갖고 있어도 무주택으로
간주할까? 결론부터 말하면 그렇지 않다.

첫 번째 예시를 보자. 부모와 자녀 1명이 함께 1세대를 이루고 있
는데 아버지 명의로 소형저가주택 1채, 그리고 자녀 명의로 소형저가
주택 1채씩을 각각 소유하고 있는 경우다. 이런 경우는 둘 다 소형저
가주택이라고 하더라도 일반적인 2주택자로 간주되어 특별공급은 물
론이고, 조정대상지역이나 분양가상한제 적용지역에서는 1순위 청약
도 불가능하다. 만약 자신이 첫 번째 예시에 해당된다면, 하루라도 빨
리 부모와 자녀는 세대분리를 하는 것이 좋다. 세대분리를 해서 각자
1주택 상태로 만들고 각자가 소유한 소형저가주택을 무주택으로 인정
받아 무주택자 자격으로 1순위 청약에 도전할 수 있다.

두 번째 예시는 앞의 사례와 똑같은 상태에서 단지 부모의 나이가
만 60세가 넘은 경우다. 함께 사는 부모의 나이가 만 60세가 넘을 때

는 부모가 소유한 주택은 없는 것으로 간주해서 자녀의 1순위 청약에 지장을 주지 않는다고 알려져 있는데, 이 경우는 어떻게 될까? 이 경우는 부모 소유의 주택은 무주택으로 인정되고, 자녀 소유의 주택은 소형저가주택으로 인정받아 자녀 역시 무주택자 상태로 1순위 청약이 가능하다. 이 경우는 별도로 세대분리를 하지 않아도 무주택자 혜택을 그대로 누릴 수 있다고 보면 된다.

세 번째 예시는 한 사람이 2주택을 소유한 경우인데 일반주택 1채 그리고 소형저가주택 1채 이렇게 총 2채를 보유하고 있는 경우다. 이 경우는 어떻게 될까? 이 경우는 비록 소형저가주택이 있다고 하더라도 2주택으로 인정되어 특별공급은 물론이고 조정대상지역이나 분양가상한제 적용지역에서는 1순위 청약도 불가능하다. 그냥 일반적인 다주택자에게 청약 1순위 자격이 주어지지 않는 경우와 같은 상황이라고 이해하면 편하다.

마지막 네 번째 예시를 보자. 무허가주택 1채와 소형저가주택 1채 이렇게 총 2채를 보유한 경우는 어떻게 될까? 이 경우는 무허가주택만 없는 것으로 간주되고 소형저가주택은 주택이 있는 것으로 간주되어 결국 1주택자로 인정된다. 따라서 역시 특별공급은 청약 자격이 안 되고, 무주택자 상태로 1순위 청약만 가능하다.

이 모든 내용을 종합해보면, 소형저가주택은 소유하지 않은 것으로 인정받아 무주택자에 준해 여러 혜택을 받을 수 있다. 하지만 이 모든 혜택을 누리기 위해서는 딱 1채만 보유해야 한다는 것을 절대 잊지 말아야 한다. 만약 자신이 청약자격에 영향을 주는지 애매하다면, 해당 분양사무소에 문의하면 보다 자세한 안내를 받을 수 있다.

예시 1

부모와 자녀 1명이 3인 가구를 이룬 경우(부모 나이 만 60세 미만) 부모 소유 소형저가주택 1채, 자녀 소유 소형저가주택 1채 = 2주택으로 간주

예시 2

부모와 자녀 1명이 3인 가구를 이룬 경우(부모 나이 만 60세 이상) 부모 소유 소형저가주택 1채, 자녀 소유 소형저가주택 1채 = 무주택으로 간주

예시 3

한 사람이 일반 주택 1채, 소형저가주택 1채 소유 = 2주택으로 간주

예시 4

한 사람이 무허가주택 1채, 소형저가주택 1채 소유 = 1주택으로 간주

주택소유 여부 판정 기준(주택공급에 관한 규칙 제53조)

6. 60세 이상의 직계존속(배우자의 직계존속을 포함한다)이 주택 또는 분양권 등을 소유하고 있는 경우

7. 건물등기부 또는 건축물대장 등의 공부상 주택으로 등재되어 있으나 주택이 낡아 사람이 살지 아니하는 폐가이거나 주택이 멸실되었거나 주택이 아닌 다른 용도로 사용되고 있는 경우로서 사업주체로부터 제52조 제3항에 따른 부적격자로 통보받은 날부터 3개월 이내에 이를 멸실시키거나 실제 사용하고 있는 용도로 공부를 정리한 경우

8. 무허가건물[종전의 '건축법'(법률 제7696호 건축법 일부개정법률로 개정되기 전의 것을 말한다) 제8조 및 제9조에 따라 건축허가 또는 건축신고

없이 건축한 건물을 말한다]을 소유하고 있는 경우. 이 경우 소유자는 해당 건물이 건축 당시의 법령에 따른 적법한 건물임을 증명하여야 한다.

9. 소형·저가주택 등을 1호 또는 1세대만을 소유한 세대에 속한 사람으로서 제28조에 따라 주택의 공급을 신청하는 경우

10. 제27조 제5항 및 제28조 제10항 제1호에 따라 입주자를 선정하고 남은 주택을 선착순의 방법으로 공급받아 분양권 등을 소유하고 있는 경우(해당 분양권 등을 매수한 사람은 제외한다)

출처 : 법제처

11

입지 좋은 빌라를
사는 것은 어떨까요?

아파트 대신 빌라는 어떨까?

이 역시도 정말 많이 받는 질문이다. 형편상 아파트는 힘들 것 같고, 내 집은 당장 필요하니 적은 돈으로 입지 좋은 빌라를 선택하는 것은 어떠냐는 것이다. 그런데 보통 이 질문을 할 때는, 백이면 백, 숨어 있는 의미가 한 가지 더 있다. 생활의 편리함도 중요하지만 입지가 좋으면 빌라도 아파트만큼 가격이 오를 가능성이 있냐는 것이다. 비록 아파트만큼은 아니지만 빌라 역시 억 단위의 큰돈이 필요하며, 내 재산 가치가 떨어지기를 바라는 사람은 아무도 없으니 이런 기대를 하는 것은 너무나도 당연하다. 우리가 흔히 생각하는 좋은 입지는 서울 업무중심지로 빠르게 접근할 수 있는 신설 철도노선이 있거나, 지금 당장 있지는 않더라도 곧 생길 예정인 곳이면서, 주변에 대규모 공원과 편의시설이 있어 쾌적하고, 큰길을 건너지 않고도 학교와 학원가를 이용할 수 있는 생활환경을 가진 곳을 말한다. 즉 많은 거리를 이동하지 않고도 모든 것을 누릴 수 있는 환경을 두고 우리는 입지가 좋다고 표현한다. 그렇다면 이런 입지를 갖춘 빌라는 아파트처럼 꾸준히 가격이 상승할까? 결론부터 말하면 그렇지 못하다.

지금부터 그 이유에 대해 하나씩 체크해보자.

최근 빌라 가격이 오른 이유

2021년 7~8월 사이에 서울을 포함한 경기도 주요지역에서 빌라 가격이 강세라는 뉴스가 연이어 보도된 적이 있다. 하루가 다르게 가격이 폭등하는 아파트처럼 빌라 역시 그 흐름을 함께하고 있다는 것이다. 이처럼 빌라 수요가 급격히 늘고, 가격이 오르는 이유는 다른 무엇보다 빌라가 아파트의 대체재로 가치가 있었기 때문이다.

조금 더 쉽게 표현하면, 강남 4구(강남구, 서초구, 송파구, 강동구)에서 마용성(마포구, 용산구, 성동구)으로, 마용성에서 노도강(노원구, 도봉구, 강북구)으로, 노도강에서 경기도 주요지역, 경기도 주요지역에서 경기도 외곽지역으로 순차적으로 아파트 가격이 오르는 이유는 상급지의 오르는 집값을 견디다 못해, 대체 개념으로 그보다 한 단계 낮은 지역을 선택하면서 수요가 이동하기 때문이다.

이렇게 연쇄적으로 이동하던 수요가 결국 경기도 외곽지역의 집값마저도 감당하기 힘든 상황이 되면서, 빌라나 아파트형 오피스텔까지 수요가 미친 탓이다. 그런데 여기서 한 가지 생각해볼 것이 있다. 대체재란 것이 무엇인가? 원래는 A가 필요한데, 사정상 A는 안 되겠고, 급한 대로 비슷한 B를 선택해서 공백을 최소화하기 위해 선택하는 것이다. 집값이란 것이 무한정, 무기한 오를 수는 없다. 언젠가는 조정기에 접어들 것인데, 상승기에는 입지순위에 따라 순차적으로 아파트 가격이 오르고, 아파트란 아파트는 모두 오른 후에 비로소 빌라 가격이 올랐다. 그런데 조정기가 오면 어떻게 될까? 그때도 입지순위에 따라 순차적으로 떨어질까? 그렇지 않다. 그때는 굳이 대체재를 찾을 필요가 없으므로 대부분의 수요는 아파트로 옮겨가고, 당장 대체재 역할을 했던 빌라부터 수요가 끊길 것이다. 그렇게 되면, 팔고 싶어도 원하는 시기에 팔 수 없고, 어떻게 해서든 팔고자 한다면, 기존 고점 대비 상당히 낮은 가격으로 내놓아야 거래가 될지도 모른다. 즉 환금성에 문제가 생긴다. 빌라의 가치는 매우 빠른 속도로 하락할 것이며, 하락까지는 아니더라도 또 기약 없는 가격 정체기가 이어질 것임을 예상할 수 있다.

빌라를 사면 안 되는 또 다른 이유

아파트의 가장 큰 장점은 실거래가격과 가격변동 추이가 비교적 투명하고, 통계자료를 일반인도 쉽게 열람할 수 있다는 것이다. 아파트가 이런 시스템을 갖출 수 있었던 것은 기본적으로 많은 세대수가 있고, 세대수에 맞게 거래도 빈번하며, 많은 거래량은 수많은 거래사례의 표준편차를 줄여, 거래 당사자 간 합의에 이르는 기준점이 되는 시세가 형성되기 때문이다. 그런데 빌라는 어떤가? 기본적으로 세대수가 적어 거래가 빈번하지 않다. 그나마 간혹 거래가 발생해도, 한두 건만으로는 정확한 시세를 파악할 수 없다. 쉽게 말해, 지금 매물로 나온 빌라의 가격이 비싼 것인지, 적절한 것인지, 아니면 저렴한 것인지, 파는 사람도, 사는 사람도 정확하게 알 수 없다는 것이다. 그리고 아파트는 대부분 관리사무소가 있어 건물의 노후화가 더딘 편이지만, 빌라는 체계적인 관리가 힘들어 노후화 속도가 아파트보다 훨씬 빠르다. 지역 전체가 재개발구역으로 지정되지 않는 이상, 자체

재건축도 거의 불가능하다. 그나마 신축 빌라는 깔끔한 외관과 최신 인테리어로 그나마 수요가 있는 편이다. 하지만 신축 빌라 역시 시간이 흐르면 기존 구축 빌라와 상황은 같아진다. 선호도가 떨어지고, 거래가 빈번하지 않으니 자연스럽게 가격은 오르지 않는 것이다. 오히려 건물이 노후화될수록 가치가 더욱 떨어지는 경우도 많다.

이런 빌라를 사라

빌라는 아파트와는 다른 관점으로 접근해야 한다. 하지만 결국은 아파트의 관점에서 빌라를 봐야 한다. 무슨 뜻일까? 아파트 가격을 결정하는 전철역과의 접근성, 초등학교와의 접근성, 공원, 녹지가 빌라 가까이 있다고 해서 빌라 가격이 아파트처럼 오르지는 않는다. 그러나 빌라도 가까운 미래에는 가격이 계속 오를 수 있는 아파트가 될 빌라여야 한다는 뜻이다. 즉 빌라 자체는 가치가 없지만, 정비사업으로 입지 좋은 아파트가 될 빌라를 사야 한다. 그러나 이 세상 모든 빌라가 아파트가 되지는 않는다. 재개발이 진행 중이거나, 곧 시작될 가능성이 있는 좋은 지역을 찾아내는 것도 중요하다. 하지만 최근 발표된 공공주도재개발사업지로 지정될 위험이 있는 곳은 피할 수 있어야 한다. 좋은 지역을 찾아도, 해당 사업구역에 나온 매물을 합리적인 가격으로 적절한 때에 잘 살 수도 있어야 한다. 이에 관한 구체적인 내용은 뒤에 이어지는 '재개발 입주권을 사고 싶은데, 너무 비싸게 사는 것 아닐까요?'와 '재개발을 바라보고 빌라를 사려는데, 혹시 현금청산 되면 어떡해요?'에서 상세히 설명해두었으니 꼼꼼히 읽어보면, 판단에 많은 도움이 될 것이다.

12

주상복합아파트를
사는 것은 어떨까요?

큰 주목을 받지 못했던 주상복합아파트

주상복합아파트는 최근에야 가격 흐름이 아파트와 큰 차이가 없는 흐름을 보이고 있다. 그러나 불과 2010년대 초반까지만 하더라도 우리나라에서 주상복합아파트는 그다지 큰 인기를 끌지 못했다. 내가 거주하는 건물에서 벗어나지 않고도 각종 상업시설을 편리하게 누릴 수 있는 콘셉트를 가진 신개념 주거공간으로 야심 차게 출범했지만, 보편적인 인기를 얻지 못했다. 우리나라 국민의 대표 주거공간으로 자리 잡지 못한 이유는 장점보다는 단점이 월등히 많기 때문이다. 또 단점이 장점에 비해 더욱 부각된 것이 그 이유다.

그렇다면 그동안 부각된 주상복합아파트의 단점은 어떤 것이 있을까? 주상복합아파트의 장단점을 제대로 알기 위해서는 용도지역의 개념부터 알아야 한다. 용도지역이라는 것은 쉽게 말해, 땅을 반드시 이렇게만 사용해야 한다는 의미로 법적으로 강제성을 부여해놓은 것이라고 보면 좋다. 용도지역이 무엇이냐에 따라 내 땅에 지을 수 있는 건축물의 종류와 높이가 결정된다. 일반아파트는 2종일반주거지역이나 3종일반주거지역에 짓는 반면, 주상복합아파트는 일반상업지역이나 중심상업지역에 짓는다. 상업지역이 주거지역보다 건물을 더 높이, 더 많이 지을 수 있으니 같은 지역이라고 가정하면 당연히 평균 땅값이 더 비쌀 것이다. 상업지역에 건물을 짓는 건설사는 되도록 좁은 땅에 최대한 높은 건물을 지으려 한다. 주상복합아파트는 상업지역의 이런 특징 때문에 일반아파트와 구분되는 장단점을 가진다고 보면 된다. 이제부터 하나씩 풀어보자.

용도지역별 제한 용적률

용도지역	세분된 용도지역		용적률
도시지역	주거지역	제1종 전용주거지역	50% 이상 100% 이하
		제2종 전용주거지역	100% 이상 150% 이하
		제1종 일반주거지역	100% 이상 200% 이하
		제2종 일반주거지역	150% 이상 250% 이하
		제3종 일반주거지역	200% 이상 300% 이하
		준주거지역	200% 이상 500% 이하
	상업지역	중심상업지역	400% 이상 1500% 이하
		일반상업지역	300% 이상 1300% 이하
		유통상업지역	200% 이상 1100% 이하
		근린상업지역	200% 이상 900% 이하
	공업지역	전용공업지역	150% 이상 300% 이하
		일반공업지역	200% 이상 350% 이하
		준공업지역	200% 이상 400% 이하
	녹지지역	보전녹지지역	50% 이상 80% 이하
		생산녹지지역	50% 이상 100% 이하
		자연녹지지역	50% 이상 100% 이하
관리지역	보전관리지역	-	50% 이상 80% 이하
	생산관리지역	-	50% 이상 100% 이하
	계획관리지역	-	50% 이상 100% 이하
농림지역	-	-	50% 이상 80% 이하
자연환경보전지역	-	-	50% 이상 80% 이하

층간소음이 적다

주상복합아파트의 몇 안 되는 장점 중 하나다. 1990년대~2000년대 초반에 지은 주상복합아파트 중에서는 상당수가 일반아파트처럼 콘크리트 벽식 구조로 지은 것이 많았지만, 2000년대 후반부터 최근에 짓는 주상복합아파트는 철골 기둥식 구조가 많다. 벽식 구조는 기둥 없이 벽으로 건물의 하중을 견디는 반면에, 기둥식 구조는 기둥으로 기둥과 보(수평기둥)로 건물의 하중을 견디도록 설계한 점에서 차이가 있다.

그렇다면 기둥식 구조가 층간소음 절감에 더욱 유리한 이유는 무엇일까? 벽식 구조는 벽을 타고 위층의 소음이 그대로 아래로 전달되는 것을 물론, 벽이 울려 소리가 더욱 커진다. 기둥식 구조는 기둥과 기둥 사이에 벽이 없어 소음이 아래로 전달되지 않고 상당 부분 분산된다. 다만 기둥식 구조는 소음이 적은 대신, 건축비가 비싸고, 건물 내부 모서리마다 기둥이 튀어나와 실제 면적 대비 내부가 약간 좁다는 단점은 있다.

콘크리트 벽식 구조와 철골 기둥식 구조

출처 : 미디어펜

적은 세대수

최근에는 대단지주상복합아파트를 간혹 볼 수 있지만, 주상복합아파트의 보편적인 형태는 1~2동짜리가 대부분이다. 왜 그럴까? 그 이유는 역시 앞에서 언급한 용도지역 때문이다. 상업지역은 주거지역에 비해 땅값이 월등히 비싸기 때문에 같은 예산으로도 훨씬 적은 면적의 부지를 매입할 수밖에 없다. 일반 대단지아파트를 지을 만큼 넓은 부지를 매입하려면 분양가가 어마어마하게 높아져 또 다른 문제를 만든다. 따라서 적은 비용으로 공간을 최대한 활용하려다 보니, 좁은 땅에 40층 이상의 고층건물이 들어서는 형태가 되는 것이다. 단지 크기가 작으니 녹지공간이나 각종 커뮤니티 시설, 놀이터 등이 부족하다. 이는 다양한 연령층이 주상복합아파트에 관심을 가지지 않는 결정적인 이유가 되었다.

주변에 학교가 없다

학교, 그중에서도 초등학교는 집값에 많은 영향을 미친다. 비슷한 조건이라면, 어느 초등학교를 배정받느냐, 초등학교를 단지 내에 품고 있느냐, 아니면 큰길을 건너야 하느냐에 따라 가격 차이가 크게 발생한다. 이처럼 학교가 집 주변에 없다는 것은 결국 신혼부부 가정부터, 곧 학교를 보낼 자녀가 있는 가정, 실제 학교에 보낼 자녀가 있는 가정 등 상당한 수요로부터 외면받는 결과를 초래한다. 법적으로 학교 경계에서 200m 이내에는 유해시설이 들어올 수 없고, 상업지역에는 학교를 지을 수 없다. 즉 학교와 상업시설은 공존할 수 없다는 뜻이다. 주상복합아파트는 상업지역에 짓는 건축물이기 때문에 불가피하게 학교와의 거리도 멀고, 학교까지 가는 경로 주변 환경도 그다지 건전하지 못한 경우가 많다.

집에 해가 들지 않는다

해가 없으면 사람이 살 수 없듯이, 일조권 확보는 내 집 마련에 매우 중요한 문제다. 때문에 주거지역에서는 일조권을 방해하는 모든 건축행위를 법적으로 규제하고 있다. 일조권 보호를 위해 주어진 땅 면적 대비, 일정 높이 이상이나 넓이 이상은 건축할 수 없다. 그러나 상업지역에서는 일조권에 대한 특별한 규제가 없다.

왜 그럴까? 이유는 사람이 쉬는 목적의 건축물보다는 정해진 시간 동안 잠시 머물러 일하는 목적의 건축물이 대부분이기 때문이다. 즉 집보다는 사무실이 압도적으로 많다는 뜻이다. 주상복합아파트는 상업지역에 짓는 건축물이다. 상업지역에서는 일조권에 영향을 주는 건축행위를 전혀 규제하지 않는다. 집을 짓더라도 절대적으로 남향 위주로 배치하지 않는다. 동향이나 서향도 많으며, 심지어 북향으로 지어진 주상복합아파트도 많다.

시끄럽고 먼지도 많다

이 역시 주상복합아파트는 상업지역에 짓기 때문에 가지는 특징이다. 상업지역은 사람들이 먹고 마시며, 쇼핑하고, 여가를 즐기는 곳이다. 당연히 많은 사람이 모일 수밖에 없다. 누구나 한 번쯤 느껴봤겠지만, 밤이 되면 소음이 위층으로 더 잘 전달된다. 이런 공간에 집이 있으면 어떨까? 일단 조용할 리가 없다. 더욱이 상업지역은 바로 대로를 접하고 있다. 수많은 차량이 아파트 바로 앞을 지나가고, 주거지역보다는 상대적으로 많은 먼지가 발생한다. 소음과 먼지가 많을수록, 쾌적한 주거환경과는 괴리가 있을 수밖에 없다.

그래도 주상복합아파트를 사야 한다면 이것만 알아두자

그래도 화려한 외관과 편의시설 인접, 층간소음 해방, 자금 부족 등의 이유로 주상복합아파트를 관심 있게 보는 수요층이 분명히 있을 것이다. 만약 주상복합아파트가 최선의 선택이라는 생각이 든다면, 매수해도 나쁘지 않다는 의견을 주고 싶다. 이유는 일반아파트에 비해 상대적으로 미흡할 뿐, 주상복합아파트도 나름 갖출 것은 다 갖추고 있다. 요즘 같은 상승장에는 일반아파트의 훌륭한 대체재가 된다. 그러나 딱 이것만 기억하자. 앞에서 계속 설명했듯 주상복합아파트는 다양한 수요층의 선호를 받는 주거형태가 아니다. 시세는 시장 흐름에 따라 변동하겠지만, 문제는 넓은 수요층이 확보되지 않아 환금성의 문제가 생길 수 있다. 내가 원할 때, 원하는 가격에 팔지 못하면, 결국 재산으로써의 가치는 일반아파트에 비해 상대적으로 작을 수밖에 없다.

$$\boxed{13}$$

대형평수를
사는 것은 어떨까요?

왜 대형평수를 찾는 사람이 늘어난 것일까?

2020년 이후부터 대형평수에 대한 수요가 늘고 있다. 주된 이유는 코로나19 때문이다. 직장인의 재택근무가 늘고, 집에서 일하는 직종이 늘었으며, 아이들도 학교에 가는 시간보다, 집에 머무르는 시간이 이전에 비해 대폭 늘었다. 온 가족이 평일 낮에도 집에 머무르는 시간이 늘면서, 적절한 생활공간을 확보하고자 대형평수의 수요가 늘어난 것이다. 지금 당장은 코로나19 때문에 일시적으로 나타난 현상으로 보인다. 그러나 종식이 되더라도, 또 다른 질병이 연쇄적으로 창궐할 가능성이 대두되고 있는 분위기다. 아마도 대형평수 선호 분위기는 일시적 현상에 머물기보다는 하나의 트렌드로 자리 잡을 가능성이 높다.

대형평수도 꾸준히 오를까?

대형평수아파트 역시 주거의 한 형태이고, 주요 재산목록인만큼, 향후 가격변동은 수요자에게 중요한 관심사가 아닐 수 없다. 그렇다면 대형평수도 중소형 평수만큼 주변 개발 호재나 시장 흐름에 따라 가격도 꾸준히 상승할까? 아무리 사회 분위기에 의해 대형평수 선호도가 늘었다고는 하지만 가격이 꾸준히 상승하지 못한다면, 그 트렌드는 오래가지 못할 것이다.

다음 그래프는 GTX-B노선 개발영향권에 있는 A지역의 24평형과 46평형 아파트의 지난 5년간 가격변동 추이를 나타낸 것이다. 24평형은 지난 5년간 2억 7천만 원에서 6억 3천만 원으로 약 125%가 상승했고, 46평형은 4억 8천만 원에서 10억 7천5백만 원으로 약 124% 상승해 상승률에서 큰 차이를 보이지 않았다.

GTX-B노선 A지역 아파트 24평형과 46평형 5년 가격변동 추이

출처 : 네이버 부동산

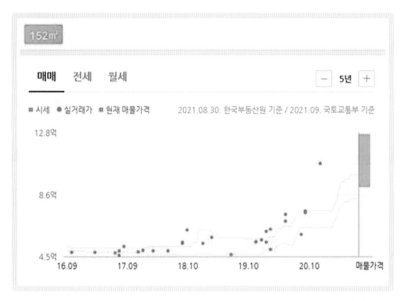

출처 : 네이버 부동산

표준편차를 줄이는 차원에서 하나를 더 보자. 다음 그래프는 GTX
-A노선 개발영향권에 있는 B지역의 24평형과 44평형 아파트의 지
난 5년간 가격변동 추이를 나타낸 것이다. 이 경우도 역시 지난 5년간
24평형은 3억 원에서 5억 9천5백만 원으로 약 98%가 상승했고, 44
평형은 4억 1천만 원에서 8억 원으로 약 95% 상승해 상승률에서 큰
차이를 보이지 않았다.

GTX-A노선 B지역 아파트 24평형과 44평형 5년 가격변동 추이

출처 : 네이버 부동산

결과를 종합해보면, 대형평수라고 해서 특별히 시장 흐름을 따라가지 못했거나, 상승률이 저조한 것은 아니었다. 오히려 가격은 더 큰 폭으로 상승한 것을 알 수 있다. 따라서 대형평수를 보유해도, 여전히 시장 흐름에 맞게 가치가 변동할 것을 예상할 수 있다. 대형평수에 실거주할 이유가 있다면, 향후 집값 변동은 신경 쓰지 않고 거주해도 무방하다고 볼 수 있다.

투자 목적이라면 어떨까?

이번에는 관점을 달리 해보자. 대형평수를 내가 직접 거주하는 집이 아니라, 투자 형태로 보유하는 것은 어떨까? 자금 부족으로 실입주는 힘들고 세입자의 전세 보증금과 매매가와의 차이만큼 만으로 투자할 수도 있다. 자신이 거주하는 집 외에 2주택 형태로 보유할 수도 있다. 결론부터 말하면, 이 역시도 괜찮은 선택이지만, 투자 자금이 여유 자금이 아니라면 다시 생각해봐야 한다. 몇 년 후에 반드시 돌려줘야 할 돈이거나, 급하게 대출을 받은 돈으로 투자하는 것이라면 조금 더 고민해야 한다.

앞서 그래프를 비교해본 것처럼, 같은 입지라면, 대형평수 역시 시장 흐름에 따라 가격이 상승하며, 실제 가격은 더 크게 상승하는 것을 알 수 있었다. 그러나 투자는 내가 보유한 기간 동안 얼마나 오를지도 중요하지만, 필자가 늘 강조했듯이 내가 원하는 시기에, 원하는 가격에 팔 수 있어야 투자 효율을 극대화할 수 있다.

아무리 코로나19 이후 대형평수에 대한 수요가 늘었다고는 하지만, 여전히 중소형 평수에 비해서는 수요층이 얇다. 한마디로 중소형

평수는 모든 수요의 관심을 받을 수 있지만, 대형평수는 반드시 그 면적이 필요한 사람만 찾게 된다. 만약 생활에 전혀 지장이 없는 여유자금이 아니라면, 내가 원하는 시기에 매도하지 못해 자칫 어려움을 겪을 수도 있다. 만약 투자 목적으로 이미 대형평수를 매수했다면, 매도시점에 시세보다 10% 정도 저렴한 급매로 내놓는 것도 수요를 끌어올 수 있는 좋은 방법이다.

구축아파트, 재개발 입주권, 아파트 청약
어느 것이 좋을까요?

개인 성격, 상황에 따라 결정한다

내 집을 마련할 수 있는 대표적인 방법은 매매 시장에서 활발히 거래되고 있는 구축아파트를 매수하는 것, 조합설립이 완료된 재개발 구역에서 입주권을 매수하는 것, 오랫동안 꾸준히 모은 청약통장을 이용해 신규아파트단지에 청약을 하는 것, 이렇게 크게 3가지로 구분할 수 있다. 물론 경매나 공매 등을 통해 내 집을 마련할 수도 있지만, 경매나 공매의 대상은 역시 매매 시장에서 거래되고 있는 구축아파트라는 점에서 구축아파트를 매수하는 하나의 방법이라고 보는 것이 맞겠다. 결국 어떤 방법을 선택하든 그것은 본인 자유지만, 매수자의 성격과 보유자금, 연봉, 청약통장 가입기간, 저축액, 주택소유이력 등에 따라 더 적합한 방법이 있기 마련이다.

이런 사람은 구축아파트를 사자

여기서 말하는 구축아파트는 허름하고, 당장이라도 쓰러질 것 같은 오래된 아파트만을 말하는 것이 아니다. 실제 입주를 완료하고 매매 시장에서 정상적으로 거래하는 모든 아파트를 말하는 것이다. 따라서 바로 어제 입주를 완료한 새 아파트부터, 당장 재건축을 생각해야 할 정도로 낡고 오래된 아파트까지 모두 구축아파트 범주에 들어가는 것이다. 그렇다면 어떤 사람이 구축아파트를 사는 것이 좋을까? 청약통장에 가입한 지 얼마 되지 않아 가점이 낮거나, 얼마 전에 청약통장을 해지한 경우, 아직 미혼이라 부양가족이 적거나 없는 경우, 한 번이라도 집을 가져본 경우, 당장 가진 자금이나 다른 여러 방법을 동원해도 마련할 수 있는 자금이 많지 않은 경우라면 청약에 계속 도전하거나, 재개발 입주권을 찾기보다는 하루라도 빨리 구축아파트를 적극적으로 사는 것이 좋다. 이유는 청약 당첨 확률을 높이려면 일정한 조건을 충족해야 가점을 얻을 수 있고, 조건을 충족했다고 해도 매년 오르는 점수는 한정적이기 때문이다. 재개발 입주권을 매수하려면 소유권을 넘겨받기 위해 필요한 자금의 상당 부분을 세입자의 보증금으로 충당해야 한다. 재개발 입주권이 나오는 빌라나 주택은 중요한 사업구간이 지날 때마다 프리미엄은 꾸준히 오르는 반면에, 곧 철거할 것이므로 건물이 노후화되어도 보수를 잘 하지 않는다. 즉 당장의 사용 가치가 낮아 전세 보증금을 많이 받을 수 없으며, 낮은 전세가율은 결국 많은 현금이 필요하게 만든다. 따라서 보유한 현금이 많지 않고, 청약가점이 짧은 시간 내에 높아질 가능성이 없다면, 구축아파트를 적극적으로 매수해야 한다.

이런 사람은 청약에 계속 도전하자

청약에 끊임없이 도전해야 할 사람은 어떤 경우일까? 앞에서 설명한 구축아파트를 사야 하는 경우와 반대라고 보면 된다. 우리나라 청약제도는 무주택자, 그중에서도 무주택기간이 긴 사람이 절대적으로 유리하도록 대부분의 신규 주택의 당첨자를 가점제로 선발한다. 당연히 가점이 높은 사람이나, 조금만 기다리면 가점이 당첨 안정권에 들어올 수 있다면, 성급하게 다른 주택을 매수해서 천금 같은 기회를 날리기보다는 묵묵히 기다리며 청약에 끊임없이 도전해야 한다.

구체적으로 살펴보자. 40대 이상이면서 지금까지 단 한 번도 주택을 소유한 적이 없거나, 비록 20~30대라도 결혼을 일찍 했고, 거주공간을 부모로부터 독립된 상태로 유지하고 있는 경우, 가입한 지 오래된 청약통장을 부모에게 증여받을 수 있는 경우, 미성년 자녀를 최소한 2명 이상 둔 경우 중에서 현재 청약가점이 50점 가까이 된다면 무주택상태를 계속 유지하면서 청약에 도전하는 것이 좋다. 나의 가점이 얼마인지 모르겠다면, 다음 표를 참고해서 내 가점이 정확하게 얼마나 되는지 계산해보고 내 집 마련 계획을 세우는 것이 좋다.

주거전용면적별 청약 가점제/추첨제 산정비율

구분		주거전용면적	
		85㎡ 이하	85㎡ 초과
가점제/ 추첨제 선정비율	투기과열지구 주택	가점제 : 100% 추첨제 : 0%	가점제 : 50% 추첨제 : 50%
	청약과열지역	가점제 : 75% 추첨제 : 25%	가점제 : 30% 추첨제 : 70%
	수도권 내 공공주택지구	가점제 : 100% 추첨제 : 0%	가점제 : 50% 이하 추첨제 : 50% 이상 * 시장 등이 선정비율 조정 가능
	85㎡ 초과 공공 건설 임대주택	-	가점제 : 100% 추첨제 : 0%
	상기 외 주택	가점제 : 40% 이하 추첨제 : 60% 이상 * 시장 등이 선정비율 조정 가능	가점제 : 0% 추첨제 : 100%

청약 가점점수 산정기준표

가점항목	가점상환	가점구분	점수	가점구분	점수
① 무주택 기간	32	1년 미만	2	8년 이상~9년 미만	18
		1년 이상~2년 미만	4	9년 이상~10년 미만	20
		2년 이상~3년 미만	6	10년 이상~11년 미만	22
		3년 이상~4년 미만	8	11년 이상~12년 미만	24
		4년 이상~5년 미만	10	12년 이상~13년 미만	26
		5년 이상~6년 미만	12	13년 이상~14년 미만	28
		7년 이상~8년 미만	16	14년 이상~15년 미만	30
② 부양가족 수	35	0명	5	15년 이상	32
		1명	10	4명	25
		2명	15	5명	30
		3명	20	6명 이상	35
③ 입주자 저축 가입 기간	17	6개월 미만	1	8년 이상~9년 미만	10
		6개월 이상~1년 미만	2	9년 이상~10년 미만	11
		1년 이상~2년 미만	3	10년 이상~11년 미만	12
		2년 이상~3년 미만	4	11년 이상~12년 미만	13
		3년 이상~4년 미만	5	12년 이상~13년 미만	14
		4년 이상~5년 미만	6	13년 이상~14년 미만	15
		5년 이상~6년 미만	7	14년 이상~15년 미만	16
		6년 이상~7년 미만	8	15년 이상	17
		7년 이상~8년 미만	9		sos
총점	84	*본인 청약 가점 점수 = ①+②+③			

출처 : 청약홈

이런 사람은 재개발 입주권이 딱이다

당장 보유한 현금이 많거나, 많은 돈을 증여 및 상속을 받을 수 있는 경우, 연봉이 높아 많은 담보대출을 일으켜, 조만간 재개발이 될 빌라나 주택에 실제 거주하면서 긴 시간을 기다릴 수 있는 사람이라면 다른 어느 수단보다 재개발 입주권이 가장 좋다. 이유가 무엇일까? 바로 재개발 입주권이 가지는 장점 때문이다. 입주권을 매수해 조합원이 되면, 가장 저렴한 조합원분양가로 새 아파트를 얻을 수 있는 것은 물론, 향후 입주하게 될 아파트의 동호수 배정을 우선해서 받을 수 있다.

재개발사업으로 공급하는 아파트는 조합원에게 먼저 좋은 동호수를 선택할 수 있는 권리를 주고, 조합원이 가져가고 난 나머지 물량을 일반분양으로 돌려, 청약에 당첨된 사람에게 조합원분양가가 아닌, 일반분양가로 입주할 수 있는 권리를 준다. 즉 재개발 입주권을 매수해 조합원이 되면, 저렴한 분양가로 훨씬 좋은 동호수를 선점할 수 있는 것이다. 만약 재개발 입주권을 매수할 수 있을 정도의 자금력이 된다면, 설령 청약가점이 높다고 하더라도 청약을 포기하고 입주권을 매수하는 것이 좋은 이유다. 실제 재개발 입주권을 매수하기 위해서는 어느 정도의 자금이 필요한지는 바로 다음에 구체적으로 설명하고자 한다. 직접 계산해보고 내가 원하는 지역에서 입주권 매수가 가능할지 판단해보면 좋을 것 같다.

15

재개발 입주권을 사고 싶은데,
너무 비싸게 사는 것 아닐까요?

보이는 것이 다가 아닌 재개발구역 빌라, 단독주택

대부분 초보자들이 재개발구역에서 빌라나 단독주택을 처음 거래할 때, 현장에서 실제 매물을 보고 나서 중개사무소에서 매물 호가를 들어보면, 백이면 백 모두 너무 비싼 것 아닌가 하는 생각을 한다. 물론 필자도 부동산을 절반만 알던 시절에는 이런 생각을 했다. 사람이 대부분 이런 생각을 하는 이유는 무엇일까? 눈앞에 보이는 집은 당장이라도 쓰러질 것 같이 흉물스러운 모습을 하고 있는데, 호가는 10억 원씩 달라고 한다. 한마디로 초보자의 눈에는 '어디를 봐서 이게 10억 원인가?' 싶다. 초보자는 현재의 가치는 물론, 이 매물이 향후 얼마의 가치가 있을지 예측할 수 없다. 전반적인 설명을 들어도 완전히 프로세스를 이해하지 못했기 때문에 보이는 반응이다. 이런 의구심이 들지 않도록, 재개발구역의 빌라나 단독주택을 어떻게 하면 객관적인 가치평가를 할 수 있는지, 그 요령을 배워보자.

판단근거가 되는 감정평가액

그렇다면 매물의 호가가 비싼지, 적절한지 어떻게 판단할 수 있을까? 먼저 계산의 토대가 되는 감정평가액을 예상할 수 있어야 한다. 사업구역마다 감정평가가 끝난 구역이 있을 것이고, 아직 감정평가를 받기 전일 수도 있다. 이미 감정평가가 끝난 구역이라면, 공식 발표된 감정평가액을 그대로 활용하면 되지만, 아직 감정평가를 받기 전이라면 예상 감정평가액을 구하는 절차가 필요하다. 감정평가액을 추산하기 위해서는 먼저 감정평가가 어떻게 이루어지는지 대략적으로 알아야 한다. 빌라나 연립주택과 같은 공동주택은 인근 거래사례와 비교하는 방식으로, 단독주택은 토지와 건물의 가치를 따로 평가한 후, 합산하는 방식을 적용한다. 차근차근 하나씩 살펴보자.

재개발구역 인근 공동주택의 공시가격을 활용하자

재개발구역에서 가장 보편적으로 볼 수 있는 형태는 빌라나 연립주택이므로, 먼저 인근 거래사례와 비교해 감정평가액을 추산하는 방법을 배워보자. 공동주택을 감정평가할 때 기준이 되는 것은 공동주택 공시가격이다. 빌라의 감정평가액을 추정할 때, 가장 먼저 재개발이 진행되지 않은 인근 빌라의 거래사례를 조사해야 한다. 많으면 많을수록 좋다. 재개발구역의 빌라는 이미 개발 프리미엄이 더해져 값이 올라 있으니 정확한 감정평가액을 알기 어렵지만, 재개발계획이 없는 인근 지역의 실거래가를 활용해 매매가격이 공시가격의 몇 배가 되는지 값을 구하면, 보다 객관적인 평가가 가능하다.

예를 들어보자. 재개발이 진행 중인 A구역의 빌라 매매가격이 5억 원이고, 공시가격이 2억 원이라고 가정한다. 그리고 개발계획이 전혀 없는 인근 B구역에서 A구역의 빌라와 비슷한 전용면적과 대지지분을 가진 빌라 2채를 찾았다. 각각 매매가격이 3억 원, 2억 8천만 원이고, 공시가격이 2억 원, 1억 7천만 원이다. 그렇다면 B구역의 빌라들의 매매가격은 공시가격의 몇 배가 될까?

A구역 빌라
매매가 5억 원, 공시기격 2억 원

B구역 빌라 1
매매가 3억 원, 공시가격 2억 원 = 1.5배

B구역 빌라 2
매매가 2억 8천만 원, 공시가격 1억 7천만 원 = 1.64배

매매가격이 공시가격의 몇 배가 되는지 수치화해보면, B구역의 빌라들은 평균 1.6배 정도 매매가격이 공시가격보다 비싸다. 이제 A구역 빌라의 공시가격도 이 비율을 곱해 감정평가액을 추정할 수 있다. A구역 빌라의 공시가격이 2억 원이므로, 2억 원에 1.6을 곱하면 예상 감정평가액은 3억 2천만 원이다. 매매가 5억 원이었으니, 결국 A구역 빌라를 5억 원에 샀다면, 현재 가치가 3억 2천만 원인 매물을 프리미엄 1억 8천만 원을 주고 산 것이라고 이해하면 된다. 물론 평균을 곱하는 것이므로, 유사한 거래사례를 많이 찾을수록 표준편차

가 줄어들어 계산 값의 신뢰도는 더욱 높아진다. 참고로 인근 거래사례로 구한 값은 약간 보수적으로 적용하는 것이 좋다. 만약 값이 1.6이 나왔다면, 1.5 정도를 곱하는 것이 좋다. 재개발사업의 특성상 감정평가액이 높으면, 현금청산을 원하는 조합원이 많아질 수 있고, 이는 사업성 악화로 귀결될 수 있기 때문에 공식적인 감정평가액은 추정치보다 다소 보수적으로 나올 가능성이 높기 때문이다.

공동주택 공시가격은 어떻게 확인할까?

공동주택 공시가격이란 국토교통부에서 각종 세금을 부과하기 위해 1년에 한 번씩 공동주택의 가치를 평가해 공시하는 가격을 말하는데, 포털사이트에서 '부동산공시가격알리미'를 검색하고, 지번을 입력하면 누구나 쉽게 조회할 수 있다. 부동산공시가격알리미에 접속해 화면 좌측 상단부에 '공동주택 공시가격'을 클릭하면 다음과 같은 화면이 나온다. 확인하고자 하는 빌라나 연립주택의 상세정보를 입력하면, 해당 주택의 공시가격을 바로 확인할 수 있는데, 도로명 주소까지 입력하면, 그 외에 건물명과 동호수를 입력란이 자동생성된다. 초기 화면과 다르다고 해서 당황할 필요는 없다.

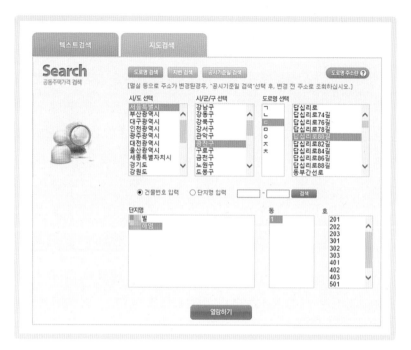

단독주택 감정평가액은 어떻게 예상할 수 있을까?

단독주택은 건물과 토지의 공시가격에 가중치를 곱하는 방식으로 추측한다. 빌라나 연립주택에 비해서는 비교적 간단하다. A구역에 단독주택이 5억 원에 매물로 나왔고, 토지의 공시가격이 3억 원, 건물의 공시가격이 5천만 원이라고 가정해보자. 단독주택의 예상 감정평가액을 구하기 위해서는 토지의 공시가격에 1.2를 곱해주고, 건물 공시가격은 그대로 반영해 두 값을 더해주면 된다. 이론대로라면 토지의 예상 감정평가액은 3억 6천만 원이고, 건물의 예상 감정평가액은 공시가격 그대로 5천만 원이 되어, 이 단독주택의 예상 감정평가액은 4억 1천만 원이 되는 것이다. 매매가가 5억 원이었으니, 결국 A구역 단독주택을 5억 원에 샀다면, 현재 가치가 4억 1천만 원인 매물을 프리미엄 9천만 원을 주고 산 것이라고 이해하면 된다. 단독주택의 감정평가액을 예상할 때, 주변 거래사례를 활용하지 않는 이유는 빌라나 연립주택처럼 유사한 전용면적과 대지지분을 가진 사례를 찾기가 힘들기 때문이다. 각양각색이라 결과의 신뢰도도 떨어지니, 공시가격에 가중치를 곱하는 방식을 활용하는 것이다. 그런데 여기서 특이한 점이 있다. 왜 건물은 공시가격에 가중치를 곱하지 않고 그대로 사용하는 것일까? 재개발구역의 매물은 거의 준공 후 수십 년이 지난 노후 건물이 대부분이다. 재개발구역 내 빌라나 단독주택뿐만 아니라, 아파트, 그 외 다른 부동산의 가치가 오르는 것도 결국 그 부동산이 서 있는 땅의 가치가 올라 전체 가치가 오르는 것일 뿐, 건물은 시간이 흐를수록 점점 노후되어 가치는 하락한다. 따라서 역시 오차는 있겠지만, 건물의 예상 감정평가액은 공시가격을 그대로 반영하면 큰 무리는 없다.

A구역 단독주택

매매가 5억 원, 토지 공시가격 3억 원, 건물 공시가격 5천만 원

토지 예상 감정평가액 : 3억 원 × 1.2 = 3억 6천만 원

건물 예상 감정평가액 : 5천만 원 = 5천만 원

단독주택의 예상 감정평가액 : 4억 1천만 원

현재 호가와 향후 미래 가치를 비교해보자

공식적인 감정평가액이 있거나, 감정평가액 추정치를 구했다면, 이제부터 매물호가와 향후 미래 가치를 비교해보자. A구역 빌라 예시를 가지고 향후 미래 가치를 비교해보겠다.

A구역 빌라

매매가 5억 원, 추정 감정평가액 3억 2천만 원, 프리미엄 1억 8천만 원
예상 조합원분양가 : 6억 원
예상 일반분양가 : 7억 원
주변 신축아파트 시세 : 9억 원

예상 조합원분양가와 일반분양가는 먼저 인근에서 진행되었던 재개발구역의 실제 분양가를 참고하면 된다. 예를 들어 앞서 진행된 재개발구역의 조합원분양가가 5억 원이었는데, A구역은 입지도 더 좋고, 3년 정도 시차를 두고 진행되는 사업이라고 가정해서 5억 원 + α로 생각하면 된다. 거기에 인근에 재개발 입주권 중개를 전문으로 하는 중개사무소에서 각자의 논리로 예상 분양가를 자신이 운영하는 블로그나 카페에 올려놓는다. 중개사무소마다 약간씩 차이가 있으니, 이들 예상치를 평균을 구하면 비교적 정확한 분양가를 예상할 수 있다.

이 예시에서는 조합원분양가를 6억 원, 일반분양가를 7억 원, 그리고 주변 신축아파트 시세를 9억 원으로 가정하고 계산해보도록 한

다. 비록 A구역 빌라를 5억 원에 샀지만, 추정 감정가는 3억 2천만 원이므로, 조합원분양가와의 차액인 2억 8천만 원을 추가로 분담해야 한다. 실제 조합원이 되면서 6억 원짜리 입주권을 7억 8천만 원을 주고 산 형태가 된다. 일반분양가와 비교해봐도 8천만 원 정도 비싸게 산 것으로 일단 생각할 수 있다. 그렇다면 과연 A구역 빌라를 5억 원에 사는 것은 너무 비싸게 산 것일까? 산술적으로는 그렇지만, 입주권의 가치까지 고려하면 판단이 달라질 수도 있다. 일반적으로 낙후된 지역을 재개발해 신축아파트를 지으면, 조합원에게 먼저 선호도가 높은 동과 호수를 선택할 수 있도록 하고, 남은 동과 호수에 대해 일반분양한다. 더욱이 일반분양에 청약을 하면, 당첨을 장담할 수 없다. 가점이 높을수록 당첨 확률은 높아지겠지만, 이 역시 100% 당첨이 된다는 보장은 없다. 그러나 입주권을 매수해 조합원이 되면, 100% 당첨이다. 그것도 일반분양에 당첨된 사람들보다, 더 낮은 가격으로 더 가치가 높은 동과 호수를 배정받는다. 이에 대한 가치가 과연 8,000만 원보다 낮을까? 여기서부터 판단은 개인의 몫이다. 그래도 일반분양가보다 비싸게 사는 것은 무리라고 판단된다면 매수를 포기하는 것이고, 무형의 가치까지 고려했을 때 충분히 합리적이라고 판단된다면 공격적으로 매수해도 좋다.

16

청약 당첨은 안 되고 생활비도 부족한데,
청약통장 해지하고 생활비로 쓸까요?

내 집을 마련한 사람은 청약통장을 해지해야 할까?

청약통장을 만들고 유지하는 궁극적인 이유는 입지 좋은 신축아파트를 시세보다 저렴한 가격에 분양받기 위해서다. 과거에는 다주택자도 큰 제한 없이 청약이 가능했기 때문에 내 집 마련을 위한 수단은 물론, 투자 목적으로도 폭넓게 활용했다.

그런데 현 정부는 서울 및 수도권 대부분의 지역을 조정대상지역 이상의 규제로 묶었다. 청약이라는 제도를 통해 신축아파트를 받을 수 있는 자격은 오직 무주택자와 반드시 처분할 것을 서약한 1주택자에 한해서 주고 있다. 이마저도 가점제 비율을 높여 사실상 무주택자가 아니면 당첨될 확률이 거의 없도록 만들었다. 당첨된 후에도 분양권 전매가 불가능하도록 해 무주택자가 자신은 계속 전세로 살면서, 투자 목적으로 분양권을 보유하는 형태를 막았다. 즉 이제는 무주택자만이 안정적으로 청약당첨을 기대할 수 있고, 오직 그 집으로 전입해서 실제 거주할 사람만 청약이 가능하게 했다. 법이 바뀌지 않는한, 분양권 전매라는 거래형태와 다주택자가 1순위 청약에 참여하는 형태는 역사 속으로 사라지게 된다. 상황이 이렇다 보니 청약에 당첨

될 확률이 낮은 사람이나, 아예 청약이 불가능한 사람은 청약통장을 유지하면서 목돈을 묶어두느니 차라리 해지하는 것이 좋겠다는 생각을 하는 사람들이 많다. 과연 옳은 판단일까?

부동산 규제는 시장 상황에 따라 얼마든지 강화되고 완화된다

적어도 이 책을 집필하고 있는 2021년 8월 기준에서 본다면, 다주택자나 청약가점이 낮은 사람이 청약통장을 쓸 일이 없는 것은 맞다. 그런데 필자가 상담을 할 때, 청약통장 해지에 관한 질문을 많이 받지만, 그때가 언제든 필자의 대답은 청약통장은 무슨 일이 있어도 해지하지 말고 끝까지 유지하라는 것이다.

왜 필자는 지금 당장 쓸 일도 없는 청약통장을 유지하라고 한 것일까? 결론부터 말하면, 지금 당장은 아니더라도, 언젠가는 지금의 청약통장을 제대로 활용할 수 있는 기회가 돌아오기 때문이다. 다음 표는 우리나라에 주택청약제도가 도입된 이후부터 지금까지 청약제도가 어떻게 변화해왔는지를 간단하게 정리한 것이다.

시행연도	규제내용
1977	주택청약제도 시작
1992	민영아파트 분양권 전매제한
1997	재당첨 제한조건 완화
2006	분양권 전매제한 강화
2007	청약 가점제 도입
2014	청약 1순위 자격 요건 완화
2017	청약 1순위 자격 요건 강화
2018	추첨제에 무주택자 당첨 비율 확대

지금까지 우리나라에 주택청약제도가 도입된 이후부터 지금까지의 흐름을 보면, 처음부터 끝까지 한결같은 규제정책이나 완화정책은 없었다. 부동산 시장이 활황이면 그에 맞는 규제정책이 발표되기 마련이다. 반대로 침체되면, 경기를 살리고자 적절한 완화정책을 발표하게 된다. 지금은 사상 유례가 없는 폭등장이 이어지고 있다. 이렇게 하늘 높은지 모르고 집값이 오르는 시기에는 시장 분위기를 과연 누를 수 있을지 의문이지만, 어쨌든 큰 흐름에서는 규제정책을 쏟아내는 것은 지극히 당연한 결과인 것이다.

점점 가치가 오를 청약통장

현 정부는 집값을 폭등하게 하는 원흉으로 다주택자를 지목하고 있으며, 다주택자가 청약을 통해 추가로 집을 소유하지 못하도록 철저히 막고 있다. 결국 다주택자 감소로 임대주택이 줄어들었다. 임대차 3법의 부작용으로 그나마 나와 있는 전세 매물마저도 수가 점점 줄어드는 것은 물론, 가격까지 폭등해 매매가를 다시 밀어 올리는 악순환이 반복되고 있다. 이 상황을 진정시키기 위해서는 정부가 시장에 필요한 만큼의 일반주택과 임대주택을 공급해야 하는데, 집이라는 것이 짓고 싶다고 하루아침에 지을 수 있는 것이 아니다. 결국 별다른 해결책 없이, 민간이 다주택자가 되어 다시 임대주택을 공급해야 하는 상황이 올 것이다.

집을 소유한 사람에게도 청약의 기회가 주어지는 날이 반드시 다시 돌아온다. 다만 이날이 오기까지는 시간이 필요하다. 그동안 청약통장을 꾸준히 유지하자. 지금 당장은 쓸모가 없어도, 오래 유지하면 유지할수록 만점인 17점에 수렴하고, 청약통장의 가치는 지금보다 훨씬 높아져 있을 것이다. 집을 소유한 사람이 청약통장을 갖고 있다면 앞으로도 계속 잘 유지하고, 이미 해지했거나, 청약에 당첨되어 내 집을 마련한 사람도, 지금 당장 은행으로 달려가 청약통장을 다시 만들자. 시간이 흘러 기회가 왔을 때, 청약통장 만들기를 차일피일 미루느라 미처 챙기지 못한 가점 1점, 모집공고일 1일 미달 때문에 소중한 기회를 날리는 일이 없도록 해야 한다. 가점 1점이 부족해 낙첨되고, 모집공고일 단 1일을 채우지 못해서 아예 청약 자체도 하지 못하는 경우가 의외로 많음을 결코 잊어서는 안 된다.

청약통장을 해지하는 것 외에, 다른 방법이 없다면 이렇게 하자

청약통장을 계속 유지하는 것이 좋다는 것은 알겠는데, 그래도 당장 돈이 필요하다면 해지해야 하지 않을까? 하지만 이 경우에도 해지하지 않고 필요한 돈을 마련하는 방법이 있다. 주택청약통장에 가입할 수 있는 은행이라면, 반대급부로 자신들이 발행한 통장의 잔고를 담보로 대출을 해주는 제도도 있다. 정식 명칭은 주택청약 담보대출이다. 많은 장점이 있는 제도로, 청약통장이 가지는 혜택은 그대로 유지되면서, 한도 내에서 필요한 만큼의 돈을 대출받아 쓸 수 있다. 통상 청약통장에 납입한 총예치금의 95%까지 대출이 가능하고, 대출금리는 은행마다 차이가 있지만, 대략 청약통장 예금금리에 1%를 가산한 수준에서 결정된다. 만약 내가 가지고 있는 청약통장의 예금금리가 1.5%라면, 청약통장을 담보로 받는 대출금리는 대략 2.5% 선이 된다는 뜻이다. 전반적으로 신용대출 금리보다는 저렴한 편이기 때문에 신용등급이 낮거나, 이미 신용대출을 받은 상태에서 유용하게 활용할 수 있다.

청약통장을 담보로 대출을 받더라도, 기존에 청약통장에 예치한 금액과 1순위 자격은 그대로 인정이 된다. 청약을 하기 위해서는 내가 거주하는 지역에 따라 최소한으로 필요한 예치금이 있는데, 대출을 받았다고 해서 그 예치금이 차감되지는 않는다는 뜻이다. 즉 대출은 대출이고, 예치금은 예치금으로, 서로 독립된 개념이다. 이런 좋은 제도가 있음에도 아까운 청약통장을 해지할 것인가? 급하게 돈이 필요하다면, 성급하게 해지하기보다는 주택청약 담보대출을 활용해보자.

17

같은 자금으로 1채를 실거주할까요?
아니면 쪼개서 2채를 보유할까요?

면적이 넓은 집이 더 많이 오른다?

필자가 부동산 관련 상담을 하면서 가장 많이 받는 질문 중 하나다. 같은 자금이라면 면적이 넓은 1채를 보유하는 것이 나은지, 아니면 둘로 쪼개서 조금 작은 면적에 살고, 남은 자금으로 다른 아파트 1채를 투자로 보유하는 것이 나은지에 대한 질문이다.

이 질문에 대한 답을 하기 전에, 먼저 두 경우를 하나씩 구체적으로 살펴보자. 같은 입지를 공유하고 있다면, 면적이 넓은 아파트가 면적이 좁은 아파트보다 가격상승폭은 더 크고, 시간이 흐를수록 격차가 더 커지는 경향이 있다.

다음 그래프를 보자. 그래프에 사용된 거래사례는 비교시점에서 가장 높은 실거래가격을 상호 비교했다. 8호선 연장 별내선의 역세권 A아파트의 24평형과 32평형의 과거 3년간 가격변동 추이를 나타낸 것이다.

역세권 A아파트 24평형과 32평형 3년 가격변동 추이

출처 : 네이버 부동산

24평의 과거 3년간 가격상승 추이를 보면, 금액 기준으로는 3억 2천만 원이 올랐고, 비율로는 103%가 올랐다. 그리고 32평형은 금액 기준으로는 3억 6천만 원이 올랐고, 비율로는 딱 100%가 올랐다.

표준편차를 줄이는 차원에서 하나 더 비교해보자. 다음 그래프는 GTX-B노선 역세권 B아파트의 28평형과 32평형의 과거 3년간 가격 변동 추이를 나타낸 것이다. 28평의 과거 3년간 가격변동 추이를 보면, 금액 기준으로는 2억 1천만 원이 올랐고, 비율로는 60%가 올랐다. 그리고 32평형은 금액 기준으로는 2억 6천만 원이 올랐고, 비율로는 62%가 올랐다. 즉 같은 기간 동안 두 면적은 거의 비슷한 비율로 집값이 상승했지만, 원래 가격이 비쌌던 넓은 면적이 더 많은 가격이 상승해, 결국 두 면적 간의 가격 편차는 더 벌어졌으며, 면적이 넓은 집을 보유하는 것이 더 유리하다는 결론을 얻을 수 있다.

역세권 B아파트 28평형과 34평형 3년 가격변동 추이

출처 : 네이버 부동산

아무리 집값이 올라도, 손에 쥘 수 없다면 무용지물

그런데 관점을 달리하면 조금 다른 결론을 얻을 수 있다. 이번에는 앞선 예시에서 A아파트를 32평형을 사지 않고, 24평형을 산 다음, 다른 지역 C아파트 24평형을, A아파트 두 면적 간 최초 가격 차이였던 5천만 원으로 매매가 1억 8천만 원, 전세 1억 3천만 원에 투자한 경우를 비교해보자.

앞서 본 대로 A아파트 32평형은 과거 3년간 3억 6천만 원이 올랐으며, 100% 상승했고, 24평형은 3억 2천만 원이 올랐고, 103% 상승했다. 그리고 같은 기간 C아파트는 2억 원 올랐으며, 비율로는 111%가 올랐다. 하지만 이 경우는 2주택 상태로, 두 번째 아파트의 양도차익 중 절반 정도는 양도소득세로 제외해야 하니, 실제로는 약 1억 원의 차익이 발생하는 셈이다. 즉 넓은 면적을 1채 보유하는 것(2021년 9

월 기준 7.2억 원)과 좁은 면적을 2채로 나눠서 보유하는 것(6.3억 원 + 양
도차익 1억 원)이 가격상승폭에서는 큰 차이가 없었다.

역세권 C아파트의 24평형의 과거 3년 가격변동 추이

출처 : 네이버 부동산

그렇다면 따로 임대관리를 하느라 이것저것 신경 쓸 필요 없이 마
음 편하게 큰 면적 1채를 보유하는 것이 나을까? 먼저 큰 면적 1채를
보유하는 경우를 보자. A아파트의 경우를 보면, 지난 3년간 32평형을
보유하면서 3억 6천만 원이 올랐다. 그런데 손에 쥔 돈은 얼마인가?
지난 3년간 무려 3억 6천만 원이나 집값이 올랐음에도 내 손에 쥔 돈
이 한 푼도 없다. 당장 이 집을 팔고 같은 단지의 작은 면적이나, 하급
지로 이동한다면 모를까, 부동산을 소유하면서 그동안 실질적인 수익
을 올린 것은 전혀 없다.

그렇다면 이번에는 자금을 나눠 2채를 보유한 경우를 보자. 24평형에는 직접 거주하고 있으니 앞의 32평형 1채를 보유한 경우처럼 집값이 아무리 올라도 역시 손에 쥐는 돈은 없다. 그러나 C아파트를 3년간 보유하면서 가격이 2억 원 오르는 동안, 특별한 경우가 아니라면 전세가 역시 올랐을 것이다. 중간에 새로운 세입자를 받았다면 시세대로 계약을 했을 것이고, 계약갱신청구권을 행사했다면, 직전 전세 보증금의 5%만 증액을 했겠지만, 어쨌든 투자 자금의 일부가 회수되었다.

만약 대출을 받아 C아파트를 샀다면, 회수한 만큼 대출을 상환하는 용도로 사용하면 되고, 만약 대출이 없었다면, 이 돈은 오로지 내 수익이 되는 것이다. 즉 같은 자금으로 2주택을 보유하는 것이 나의 노동수입 이외에 수입을 얻을 수 있고, 이 수입은 특히 요즘 같은 전세가가 폭등하는 시대에는 계약갱신청구권에 의해 5%만 올리더라도 나의 노동수입을 훨씬 상회하는 큰 수익이 된다. 그리고 시간이 지나 C아파트의 전세가가 3년 전 매수가격을 넘어서면, 그 순간부터 나는 돈 한 푼 들이지 않고, 내가 사는 집 이외에 집을 또 하나 가지는 형태가 된다.

큰 면적 1채를 소유하는 것이 유리할 때도 있다

그렇다고 무조건 2채로 나눠서 보유하는 것이 유리할까? 사람이 살다 보면, 학업이나 직장 때문에 다른 지역으로 이사를 해야 하는 경우도 있고, 자녀 교육 때문에 지금보다 더 나은 지역으로 이동해야 할 때도 있다. 직접 두 지역의 입지를 비교해봐야 우열을 알 수 있지만,

지금보다 더 나은 환경이 있는 지역이라면, 아마도 지금 사는 곳보다 상급지일 확률이 높다. 하급지에서 상급지로 이동하는 경우라면, 현재 사는 집이 향후 추가상승 여력이 충분하다고 하더라도 지금 당장 이동하는 것이 좋다고 앞서 설명했다. 이유는 시간이 흐를수록 상급지와의 집값 격차가 벌어지기 때문이다. 그리고 설령 상급지로 가는 경우가 아니더라도 이사해야 할 사유가 생긴 이상, 가급적이면 빨리 이동하는 것이 유리할지도 모른다.

만약 상급지로 가는 경우는 집 1채만 보유하고 있고, 이미 거주 2년을 충족했다면, 지금 당장이라도 팔고 바로 이동하는 데 지장이 없다. 시간 차이에 의한 추가 매수자금이 필요하지 않다. 그러나 2채를 보유하고 있다면, 현행 세법상 적절한 절세 전략이 필요하다. 불가피하게 투자 목적으로 보유한 집을 먼저 팔고, 1주택 상태가 된 날로부터 추가로 2년간 거주해야 비로소 지금 사는 집이 양도소득세 비과세 혜택을 받을 수 있다. 따라서 2채를 보유하고 있으면, 다른 지역으로 이동하기 위해서는 어쩔 수 없이 시간이 필요하고, 그에 따른 추가 매수자금이 필요할 수도 있다. 그리고 이 모든 것을 무시하고 이동하려면, 상당한 양도소득세를 감수해야 한다.

상황에 따라 적절한 포지션을 찾자

따라서 지금 거주하고 있는 집의 거주 만족도가 높아 장기간 눌러 살 생각이라면, 자금을 둘로 나눠 실거주할 집과 투자 목적의 집, 이렇게 2채로 나눠서 보유하는 것이 좋다. 그러나 반대로 지금 거주하는 지역에 장기간 머무를 계획이 없고, 사정이 허락하는 한 지속적으로 집을 넓히거나, 상급지로 이동할 계획이 있다면, 그리고 현재 직장이 당장 퇴사 걱정을 할 필요 없을 정도로 탄탄하고 수입이 괜찮다면, 1주택을 보유하고 거주하는 데 모든 자금력을 집중하는 것이 좋다. 한마디로 정답은 없으며, 각자의 사정에 따라 탄력적으로 전략을 세우면 된다.

18

주변에서 집을 추천받았는데, 막상 선택을 하려니 왜 불안하죠?

왜 불안한 것일까?

평소에 부동산에 전혀 관심이 없다가 어느 순간 너무 올라버린 집값에 선택권이 대폭 줄어든 현실을 보며, 그때부터 여기저기 상담을 하기 시작하는 사람들이 많다. 이들의 공통점은 하루가 다르게 집값은 오르는데, 당장 나는 무엇부터 해야 할지 몰라 마음만 급하고 불안하다는 것이다. 간혹 주변에서 여러 지역과 매물을 추천받기도 하는데, 아무리 충분한 설명을 듣고, 여러 아파트를 소개받아도 여전히 무엇을 선택해야 할지 모르겠고, 마음은 불안하다.

왜 그런 것일까? 그 이유는 추천받은 매물이 진짜 좋은지, 아니면 그렇지 않은지 스스로 판단할 수 있는 기준과 근거가 없기 때문이다. 의심하자니 모든 매물이 위험해보인다. 신뢰하자니 이것도 좋고, 저것도 좋아 보인다. 이렇게 고민하는 사이에 집값은 더 오르고, 내가 선택할 수 있는 매물도 줄어든다. 속된 표현으로 '멘붕'에 빠지는 것이다.

그렇다면 무엇을 해야 할까?

필자도 사전 준비와 기준 없이 그저 좋은 지역과 아파트를 추천해달라는 막연한 질문을 많이 받지만, 직접적인 답변은 하지 않는다. 이유는 어차피 추천을 해줘도, 스스로 결정을 쉽게 내리지 못하기 때문이다. 다만 직접적인 답변을 하지 않는 대신, 현재 보유한 자금과 최대 조달 가능 자금의 범위, 현재 사는 지역, 평소 관심 있게 봤거나 희망하는 지역, 그리고 지금까지 부동산을 공부하면서 느낀 점과 왜 그렇게 생각을 하게 되었는지를 최대한 자세하게 나눠달라고 요청한다. 그 기준에 맞춰 잘못된 점을 짚어주고, 올바른 방향을 잡을 수 있도록 인도한다. 당장 배고픔을 달래기 위해 물고기를 잡아주기보다는, 앞으로도 계속 스스로 물고기를 잡을 수 있도록 하기 위한 의도인 것이다. 그렇다면 내가 가진 자금은 얼마나 되며, 관심을 갖게 될 지역은 어디인지, 나름의 부동산에 대한 생각과 느낀 점 등을 갖기 위해서는 어떻게 해야 할까? 답은 기본적인 부동산 공부는 스스로 해야 한다는 것이다.

부동산 공부는 어떻게 하죠?

주변에는 부동산 관련 책도 많고, 관련 유튜브 영상도 넘쳐난다. 포털사이트에는 실시간으로 부동산 관련 뉴스가 올라오며, 부동산을 주제로 하는 블로그와 카페에도 수많은 정보들이 올라온다. 이것들을 잘 챙겨보는 것만 해도 많은 공부가 되지만, 여기서 한 가지 주의할 것이 있다. 부동산 관련 정보를 꾸준히 보다 보면, 사람들마다 같은 주제를 놓고도 서로 조금씩 다른 주장을 한다. 이 내용을 그대로 사실인 것처럼 믿으면 안 된다. 하지만 백지상태에서 내가 관심을 가질 지역을 선정하고, 판단근거를 만드는 과정에는 오히려 다양한 의견이 더 좋을 수도 있다.

여러 사람의 이야기를 들어보고, 어느 정도 공부도 되었으며, 판단력과 기준이 생겼을 때, 그때부터는 자신의 생각과 성향에 가장 잘 맞는 저자가 쓴 부동산 책과 부동산 유튜버의 영상을 집중적으로 보면서 나만의 기준을 확고히 한다. 그 과정을 충실히 했다면, 이후부터 접하게 되는 모든 부동산 정보가 모두 진짜로 보이지 않는다. 진위 여부를 정확하게 구분하지는 못하더라도, 최소한 제대로 된 상담을 의뢰할 수준까지는 충분히 실력을 갖출 수 있다. 집을 마련하려면 기본적으로 억 단위의 돈이 필요한데, 남의 말만 듣고 결정을 내릴 것인가? 자칭 부동산 전문가라는 사람들의 말을 그대로 믿을 수 있는가? 애초에 나쁜 의도까지는 없더라도, 전문가도 사람이기에 실수는 할 수 있다. 전문가가 실수한 부분을 두고, 정확하게 무엇이 잘못된 것인지는 몰라도, 최소한 좀 이상하다는 생각 정도는 할 수 있어야 하지 않을까? 아는 것이 많아질수록 더 많은 지역이 보이고, 얻어갈 수 있는 것 또한 훨씬 많아진다는 것을 명심했으면 좋겠다.

19

왜 전문가들은 좋은 집을
시원하게 콕 찍어주지 않는 걸까요?

좋은 지역, 좋은 아파트를 추천해주세요

이런 질문을 받으면 참으로 난감하다. 좋은 지역, 좋은 아파트란 무엇을 말하는 것일까? 양질의 일자리가 인근에 있고, 교통이 우수하며, 풍부한 편의시설과 역사와 전통을 자랑하는 학교, 학업을 보충해줄 대규모 학원가, 그리고 학구열 높은 학생과 부모가 공존하는 좋은 학군을 가진 지역이라고 생각할 것이다. 한마디로 상황만 된다면 누구나 살고 싶어 하는 그런 지역 또는 아파트가 좋은 지역, 좋은 아파트다. 그런데 문제는 이런 지역 및 아파트는 너무나도 비싸다는 것이다. 아파트 가격이 폭등한 최근뿐만 아니라, 지금도 비싸고, 과거에도 비쌌으며, 앞으로도 여전히 비쌀 것이다.

우리나라 부동산 시장을 주도할 것이고, 설령 향후 경제 대공황이 오더라도, 이런 지역은 가장 나중에, 가장 덜 떨어지고, 회복기에도 가장 먼저, 더 많이 오를 것이다. 과연 이런 지역을 추천해주면, 과감하게 진입할 수 있을까? 아마도 대부분의 사람은 영혼까지 끌어 모아도 자금을 마련할 엄두도 못 낼 것이다. 즉 막연하게 좋은 지역, 좋은 아파트를 추천해달라는 질문은 질문 자체가 처음부터 잘못되었다.

사람마다 상황과 성향이 다르고, 조달할 수 있는 자금의 크기도 다르다. 평생 살 집을 생각하는 사람이 있는 반면, 당장 허름한 곳에 살더라도 투자를 하고 싶어 하는 사람도 있다. 아파트의 외관과 동네의 쾌적함에 초점을 맞추는 사람도 있고, 당장 아파트와 지역은 허름해도, 가까운 미래에 획기적으로 가치가 상승할 지역을 선호하는 사람도 있다. 이렇게 100명이면 100명 모두 각자 상황이 다르니, 그저 막연하게 좋은 지역, 좋은 아파트를 추천해달라고 해서는 전문가도 답변하기가 애매하다. 질문한 사람도 얻어가는 것이 지극히 제한적이다. 따라서 자신의 상황을 대략적으로라도 알고, 상황에 맞는 전문가를 찾아가, 적절한 질문을 해야, 비로소 최상의 답변을 받을 수 있는 것이다.

번지수를 잘못 찾으면, 얻는 것이 제한적이다

부동산도 큰 틀에서 보면 하나지만, 세부적으로 보면 각자의 전문 분야가 있다. 물론 모든 분야에서 해박한 지식과 경험을 갖춘 몇 안 되는 진짜 전문가도 있지만, 그들도 역시 특정 분야에 더욱 자신이 있고, 또 조금 자신이 없는 분야가 있기 마련이다.

부동산 전문 분야는 입지분석, 경매, 분양권, 청약, 상가, 토지, 부동산 세금 등으로 세분화할 수도 있다. 토지만 놓고 보더라도, 중개 사무소에서 토지 자체를 중개하는 사람이 있는 반면, 토지를 더욱 가치 있는 형태로 개발하는 토지 개발전문가가 있다.

그리고 절세전략에 대한 생각도 단지 세금 자체에만 집중해서 최상의 절세 포인트를 잡아내는 부동산 전문 세무사가 있는 반면, 주어진 조건 외에 부동산의 향후 미래 가치까지 고려해 전혀 다른 전략을 생각하는 부동산 전문가도 있다. 세금 분야라고 해서 무조건 세무사가 가장 현명한 답변을 주는 것은 아니니 다양한 전문가에게 의견을 구해 상호보완을 해야 한다.

따라서 자신의 상황을 대략적으로나마 스스로 판단하고, 상황에 맞는 전문가에게 상담해야 한다. 그래야 같은 질문을 해도 얻는 것이 훨씬 많고, 전혀 생각하지도 못했던 꿀팁도 얻을 받을 수 있다.

이 책은 어떻게 하면 좋은 타이밍에, 조금이라도 더 쉽게 내 집을 마련할 수 있는지에 대한 내용을 다루고 있으므로, 주택을 사고, 파는 데 있어, 각 단계에서 누구를 찾아가서 어떻게 질문을 해야 최상의 답변을 받을 수 있는지 그 요령을 알려주고자 한다.

부동산 컨설턴트에게 해야 할 질문

부동산에 대한 지식과 경험도 전혀 없고, 어디서부터 무엇을 어떻게 해야 할지 조금의 감도 잡히지 않는 사람뿐만 아니라, 부동산에 대한 나름의 생각과 방향을 가지고 있는 사람이라고 하더라도, 지금 자신의 상황은 어떤지, 자신이 생각하는 방향은 올바른 것인지, 올바르지 않다면 방향을 어떻게 수정해야 하는지에 대한 진단은 필요하다. 이런 일을 하는 사람이 필자와 같은 부동산 컨설턴트다.

비유를 해보자. 몸이 아플 때, 정확한 진단을 받기 위해서는 어떻게 해야 할까? 의사를 찾아가 그동안 어느 부위가 어떻게 불편했고, 어떤 증상이 어떤 패턴으로 있었는지를 잘 체크했다가 상세하게 말해주어야 한다. 그래야만 의심되는 질환에 맞는 검사를 할 수 있고, 정확한 진단이 가능하다. 만약 그냥 많이 아픈데, 나는 잘 모르겠으니 당신이 알아서 잘 살펴보고 진단을 해달라고 한다면, 제대로 된 진단이 불가능하지 않을까?

부동산 상담도 마찬가지다. 컨설턴트를 찾아가서 나는 지금 돈이 얼마 있고, 집이 필요하니, 알아서 좋은 곳을 추천해달라는 질문을 해서는 좋은 답변을 받을 수 없다. 자신이 집을 가져본 적이 있는지, 월수입은 얼마나 되고, 부채는 얼마나 있으며, 가까운 미래에 일정 수입 이상의 돈이 들어올 계획이 있는지, 직장은 어디며, 지금 사는 곳은 어딘지, 결혼유무 및 자녀는 몇이나 있는지, 이상적으로 생각한 지역은 어디이며 왜 그렇게 생각하는지, 그동안 무엇을 알아보고 느꼈는지 등등은 기본정보다. 아주 사소한 기본정보부터 사전에 시간 나는 대로 틈틈이 공부하며 느낀 점을 빠짐없이 컨설턴트에게 나눠주어야 한다. 즉 제대로 된 상담을 받기 위해서는 사전에 나름의 공부가 되어 있어야 한다는 뜻이다. 물론 그동안의 공부와 생각의 방향이 반드시 올바르지 않아도 좋다. 그동안 느낀 것이 있고, 틀리게나마 해온 공부가 있다면, 그것을 기반으로 컨설턴트는 잘못된 점을 짚어주고, 앞으로의 투자 방향을 바로잡을 수 있도록 인도한다. 전혀 준비를 하지 않은 것보다는, 비록 틀리더라도 뭔가를 조금이라도 한 것이 훨씬 낫다는 뜻이다.

지역 공인중개사에게 해야 할 질문

이렇게 컨설턴트로부터 잘못된 점과 앞으로의 투자 방향에 대한 조언을 얻었다면, 그때부터는 지역 공인중개사를 찾아가 자신의 상황에 딱 맞는 실제 매물을 추천받아야 한다.

만약 컨설턴트를 찾아가지 않고도 자신의 상황을 정확하게 알고, 뚜렷한 계획이 있는 상태라면, 바로 지역 공인중개사를 찾아가도 좋다. 즉 좋은 아파트를 추천해달라는 질문은 지금까지 앞에서 설명한 모든 과정을 거쳐서 실제 자신이 매수할 매물을 봐야 할 때, 그때 지역 공인중개사를 찾아가서 해야 할 질문인 것이다.

지역 공인중개사의 주된 업무는 표면적으로는 접수된 매물을 매도자와 매수자를 연결해주고, 계약서를 작성해서 도장을 찍어주는 것이다. 하지만 지역 공인중개사의 전문성을 거기까지만 활용해서는 안 된다. 원래 목적인 좋은 매물을 추천받고, 계약까지 완료했다면, 그때부터는 추가 정보를 얻기 위한 질문을 해보자. 지역 공인중개사는 해당 지역에 대해서만큼은 그 어느 부동산 전문가보다도 해박한 지식과 경험을 갖고 있다. 외부로 공개된 정보는 물론, 공개되지 않은 알짜 정보를 얻을 수도 있다.

예를 들면, A동이 지금은 조망이 좋으나, 조만간 바로 앞에 건물이 올라오면 조망이 가려져 가치가 낮아질 것이니, 차라리 B동을 사는 것이 낫다는 것은 소소하지만 중요한 정보다. 관리소장이 이런 사람이라 아파트 시설관리가 특히 잘되고 있어 주변 아파트에 비해 선호도가 높다거나, 이 아파트가 배정받는 초등학교에서 올해부터 새로운 프로그램을 시작할 예정이라 교육의 질이 좋아질 것이라는 등 삶의 질과 직결된 정보도 지역 공인중개사에게 얻을 수 있는 정보다. 아파트 바로 뒤쪽에 있는 공원이나 생활편의시설이 최근에 심각한 범죄가 일어난 장소라 동네 이미지 관리 차원에서 곧 없어질 계획이라거나, 공식적인 발표가 나지 않은 구도심의 정비계획에 대한 이야기가 나오고 있다거나, 인근에 개발사업주체가 바뀌어 사업이 상당부분 지연이 될 가능성이 있다거나, 현재 해당 지역 집값이 갑자기 뛴 이유는 무엇이고, 대략 언제까지 이 추세가 이어질지 하는 주변 상황에 관한 이야기까지 상세히 들을 수 있다. 그러나 이런 정보는 내가 직접 묻지 않으면 지역 공인중개사가 알아서 알려줄 의무는 없다. 따라서 계약서를 작성하는 시간 외에 따로 지역 공인중개사와 이야기를 나눌 시간이 필요한데, 그래서 필자는 매물을 보러 갈 때, 대중교통을 이용한다. 센스 있는 중개사라면 내가 요구하지 않아도 가까운 전철역까지 태워다주려고 할 것이고, 만약 그렇지 않다면, 내가 직접 태워다 줄 것을 요구해도 된다. 일부러 전철역과 제법 거리가 있는 중개사무소를 이용하는 것도 하나의 방법이다. 가까운 전철역과 대략 3km 정도 떨어져 있고 중간에 간간히 신호등이 있다면, 차로 이동하는 동안 상당한 대화를 할 수 있다. 그때 차 안에서 눈에 보이는 대로 이런저런 질문을 하면, 내가 질문을 한 내용은 물론, 그렇지 않은 정보까지도 술술 말해주는 경우가 많다. 설령 나를 태워주는 사람이 이른바 실장님, 즉 중개보조원이라도 상관없다. 동네 돌아가는 분위기를 더욱 맛깔나게 전달하는 것은 오히려 중개보조원이 더 뛰어난 경우도 많기 때문이다. 이 짧은 시간을 잘 활용하자. 얻은 정보는 또 다른 투자 판단에 결정적인 도움이 된다.

20

청약통장에 매달 2만 원만 넣으면
안 된다면서요?

10만 원 vs 2만 원 어떤 차이가 있을까?

청약통장은 매달 10만 원씩 넣어야 한다는 게 이제는 마치 국민상식처럼 알려져 있다. 모두가 그렇게 알고 있고, 10만 원씩 넣는 것이 좋다고 하니 자신도 그렇게는 하는데, 정작 왜 10만 원씩 넣어야 하는지, 2만 원씩 넣으면 큰일이 나는 것인지 정확한 이유를 모르는 사람들이 의외로 많다. 결론부터 말하면, 반드시 10만 원씩 넣어야 할 필요도 없고, 2만 원씩 넣으면 안 될 이유도 없다. 단지 10만 원씩 넣으면 더 유리한 측면이 있지만, 개인 상황에 따라 이마저도 아무런 의미가 없는 경우도 있다.

국민주택 vs 민영주택

청약통장의 납입 방식에 따른 차이점을 설명하기 전에 주택 보급 형태를 간략하게 설명할 필요가 있을 것 같다.

주택은 크게 국민주택과 민영주택으로 구분되는데, 국민주택은 국가, 지자체, 지방공사 등과 같은 공적 주체가 분양하는 주택으로 공공분양이라고 한다. 반면 민영주택은 주변에서 흔히 봤던 유명 브랜드인 래미안, 힐스테이트, 이편한세상, 푸르지오, 베르디움, 어울림 같은 민간건설사가 분양하는 주택으로 민간분양이라고 한다.

국민주택은 비영리집단인 공적 주체가 분양하는 주택이기 때문에 분양가가 저렴하며, 항상 신규택지나 신도시를 조성할 때는 국민주택을 시행 초기에 시범단지로 공급하고, 분양 순서가 뒤로 갈수록 점점 분양가가 비싸지는 것을 감안하면, 큰 시세차익을 실현할 수 있다는 장점이 있다. 그러나 민영주택에 비해 외관이 화려하지 못하고, 단지 내 인프라가 다소 미흡하기도 하며, 결정적으로 전용면적 85㎡ 이하로만 공급하기 때문에 선택의 폭이 넓지 않은 것도 아쉬운 점이다. 국민주택은 청약통장 가입기간과 저축총액이 많은 순으로 당첨자를 선정하며, 무주택자만 청약할 수 있다.

반면에 민영주택은 이윤을 추구하는 사기업이 분양하는 주택이라 분양가가 상대적으로 비싸다는 단점은 있지만, 민간건설사가 자신의 이름을 걸고 짓는 주택인 만큼 화려한 외관과 단지 내 최첨단 시설과 좋은 인프라를 잘 갖추고 있다. 국민주택처럼 면적 제한도 없기 때문에, 다양한 면적의 주택을 공급할 수 있어, 다양한 수요층의 관심을 받을 수 있다. 민영주택은 규제가 심한 지역일수록, 그리고 다수가 선호하는 면적일수록 가점제로 선발하는 비중이 크고, 일부 추첨제로 당첨자를 선정한다. 무주택자와 1주택자가 청약할 수 있다.

	국민주택	민영주택
주체	국가, 지자체, 지방공사	각 민간건설사
면적	85㎡ 이하만 건설	제한 없음
당첨자 선정방식	순차1 - 전용 40㎡ 초과 : 3년 이상 무주택 세대 구성원 중 청약저축 총액이 많은 자 - 전용 40㎡ 이하 : 3년 이상 무주택 세대 구성원 중 청약저축 납입 횟수가 많은 자	전용 85㎡ 이하 - 투기과열지구 : 가점 100% - 청약과열지역 : 가점 75%, 추첨 25% - 그 외 지역 : 가점 40%, 추첨 60%
	순차2 - 전용 40㎡ 초과 : 청약저축 총액이 많은 자 - 전용 40㎡ 이하 : 청약저축 납입 횟수가 많은 자	전용 85㎡ 초과 - 투기과열지구 : 가점 50%, 추첨 50% - 청약과열지역 : 가점 30%, 추첨 70% - 그 외 지역 : 추첨 100%

출처 : 청약홈

10만 원씩 넣으면 어떤 점에서 유리할까?

그렇다면 왜 10만 원씩 넣어야 할까? 답은 당첨자 선정방식에 있다. 오랜 기간 10만 원씩 넣은 청약통장으로는 국민주택과 민영주택 모두 당첨을 기대할 수 있다. 하지만 2만 원씩 넣은 청약통장은 같은 기간 대비 10만 원씩 넣은 통장에 비해 산술적으로 저축총액이 1/5에 불과하다. 저축총액이 당락에 결정적인 영향을 주는 국민주택에는 사실상 당첨을 기대하기가 힘든 것이다. 서울 및 수도권 주요지역에서 분양하는 국민주택의 당첨 가능 저축총액은 적어도 1,800만 원 이상은 되어야 한다. 매달 2만 원씩 넣어서 1,800만 원을 만들려면 무려 75년의 시간이 필요하다.

청약통장 가입기간이 만 18세, 즉 19세부터 인정이 되니, 매달 2만원씩 넣으면서 수도권의 국민주택에 당첨을 기대하기 위해서는 적어도 나이가 90대 중반은 되어야 하고, 정말 극단적으로 아예 청약제도 자체를 무시하고, 태어나자마자 넣기 시작했다고 해도 70대 중반은 되어야 한다는 계산이 나온다.

과연 현실성이 있는가? 비록 1회에 최대 인정금액이 10만 원이라 그 이상 납입하는 것은 불가능하지만, 매달 10만 원씩을 넣을 경우, 15년이면 1,800만 원을 달성할 수 있고, 30대 중후반에서 늦어도 40대에는 충분히 당첨을 기대할 수 있다. 같은 기간 동안 청약통장을 유지해도, 결국 활용도에서 많은 차이가 발생하니, 다들 10만 원, 10만 원 하는 것이다.

10만 원씩 넣는 것이 의미가 없는 경우도 있다

이번에는 무리해가며 매달 10만 원씩 넣을 필요가 없는 경우를 보자. 앞에서 매달 10만 원씩 넣는 궁극적인 목적은 청약당첨 확률을 높이려는 것이었다. 조금 더 자세히 표현하면 결국 공공분양에 청약을 하기 위함이라고 했다.

반대로 생각하면, 결국 무주택자지만 집을 판 지 얼마 되지 않아 가점제로는 도저히 당첨을 기대할 수 없는 경우, 청약통장을 해지했거나, 다른 단지에 이미 당첨되어 얼마 전에 다시 만든 경우, 공공분양에 청약을 할 수 없는 1주택자 등은 굳이 매달 10만 원씩 넣을 필요가 없다. 지금은 비록 무주택자 상태가 되었다고 하더라도, 집을 판지 얼마 되지 않았다면, 전체 가점 중에서 32점이나 차지하는 무주택기간에서 높은 점수를 받을 수 없고, 무주택기간에서 20점 이상 잃어서는 서울 및 수도권에서 가점제로 당첨이 된다는 것은 불가능하다.

1주택자 역시 마찬가지다. 공공분양 청약은 원천적으로 불가능한 것은 물론이고, 무주택기간 가점이 0점이니 가점제로도 도전할 수 없다. 청약통장을 얼마 전에 다시 만든 경우는 청약통장 가입기간에서 점수가 거의 없어, 역시 가점제로는 경쟁이 불가능하다. 결국 이 세 경우는 모두 추첨제로 청약할 수밖에 없고, 추첨제의 당락은 많은 예치금도, 청약통장을 오래 유지하는 것도 모두 상관없이 그저 아주 기본적인 조건만 충족하면, 그때부터는 운에 의해 결정난다.

지역 / 전용 면적별 예치금액

(단위 : 만 원)

구분	서울/부산	기타 광역시	기타 시/군
85㎡ 이하	300	250	200
102㎡ 이하	600	400	300
135㎡ 이하	1,000	700	400
모든 면적	1,500	1,000	500

출처 : 청약홈

청약통장이 비규제지역은 6개월, 규제지역에서는 2년 이상만 되면 추첨제에 청약할 수 있다. 추첨제로 청약에 도전하는 사람은 처음 통장을 만들 때 필요한 최소한의 자금으로만 청약통장을 만든다. 그 상태로 6개월 또는 2년 이상 유지한 다음, 통장을 사용할 기회가 왔을 때, 입주자 모집공고일 전까지만 내가 속한 지역과 청약하고자 하는 면적에 맞는 나머지 예치금을 한 번에 넣고 바로 사용하면 된다.

매달 10만 원씩 오랜 세월을 쌓아 올리는 것은 청약당첨 자체의 확률을 높이고, 공공분양에 청약하기 위한 궁극적인 목적이 있듯이, 굳이 그럴 필요가 없는 사람은 자신의 상황에 맞게 청약통장을 유지 및 관리하면 된다. 남들이 하니까, 나도 따라서 목돈을 묶어두지 말고, 내 상황을 제대로 알고, 그에 맞게 청약통장을 관리하는 것이 훨씬 효율적이다.

청약통장을 제대로 활용하려면?

지금까지 각자 상황에 맞는 청약통장 관리 방법을 설명했는데, 이제부터는 어떻게 하면 제대로 청약통장을 활용할 수 있는지를 생각해보자.

우리가 청약통장을 유지하는 목적은 결국 청약에 당첨되기 위함인데, 주택청약에서 가장 중요한 것은 무엇인가? 바로 입주자공고일이다. 아무리 남들보다 유리한 조건이 있다고 하더라도, 필요한 조건을 입주자모집공고일까지 맞추지 못하면 아무 소용이 없다. 자신이 가진 조건으로 당첨을 노린다면, 늦어도 입주자모집공고일 당일까지는 세대주 변경 또는 등록, 주소지 변경, 그리고 거주 지역별 필요 예치금 등을 모두 갖춰야 한다. 그리고 청약에 관심 있는 모든 사람들은 현 시점 기준으로 청약홈 청약캘린더를 통해서 그달의 청약일정을 확인한다. 미리 관심 있게 보던 단지의 청약일정을 확인했더라도 사람이 바쁘게 살다 보면 잊어버릴 수도 있고, 자칫 중요한 시기를 놓칠 수도 있으며, 나에게 적합한 분양소식인데, 확인하지 못하고 그냥 지나가버릴 수도 있다. 이럴 때 아주 유용하게 이용할 수 있는 방법이 있다. 간단하게 이름과 전화번호만 등록해두면, 내가 다른 일에 집중하고 있더라도 알아서 때가 되면 해당 분양일정을 실시간으로 카카오톡 메시지를 보내주는 서비스가 있다.

청약일정 알리미 서비스

포털사이트에서 '서울시 복지포털'이라고 검색한다. 검색하고 링크로 들어가면 서울복지포털 홈페이지가 나오는데, 검정색 박스로 표시된 장애인 특별공급을 클릭하고 들어간다.

물론 메뉴에는 장애인 특별공급이라고 표시되어 있지만, 이 기능은 누구나 제한 없이 이용할 수 있다. 다음 화면이 나오면 검정색 박스로 표시된 '특별공급 문자알리미 서비스 신청'을 클릭한다.

특별공급 문자알리미 서비스 신청을 클릭한 후 다음 화면에서 개인정보 수집 동의에 클릭하고, 성명과 휴대전화번호를 입력하고 확인을 누른다. 여기까지 완료했으면, 청약일정 알리미 등록 신청이 완전히 끝난 것이다.

이렇게 간단한 정보를 입력하고 알리미 신청을 해놓으면, 적절한 때가 되었을 때, 다음 내용과 같은 메시지가 실시간으로 온다. 물론 내용은 장애인 특별공급에 대한 안내 내용이지만, 입주자 모집공고일이 함께 안내되기 때문에, 실제 모집공고가 뜨기 전에 미리 입주자 모집공고일을 알고 필요한 조건을 갖출 수 있는 여유를 가질 수 있다. 그리고 메시지의 링크로 들어가면, 지금까지 받았던 청약일정을 한꺼번에 볼 수 있는데, 알리미 메시지는 실시간으로 날아오기 때문에 급할 때는 그냥 메시지만 확인했다가 잠자리에 들기 직전이나 시간적 여유가 될 때 한꺼번에 확인하기도 좋다.

다만 아쉽게도 이 서비스는 서울 및 경기도 지역 청약 일정만 받아 볼 수 있다. 만약 서울 및 경기도에 살거나 수도권 청약에 관심이 있다면, 알리미 서비스에 등록해놓고 실시간으로 메시지를 받아볼 수 있도록 설정해두는 것이 여러모로 유용하다.

출처 : 서울복지포털

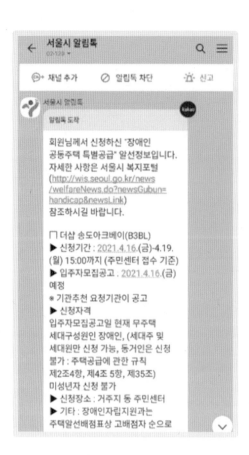

21

이 아파트는 준공 30년이 지났는데, 재건축을 기대해도 되겠죠?

오래된 아파트는 전부 재건축이 가능할까?

내 집은 필요하고, 기왕이면 새 아파트에 살고 싶은데, 주변 신축 아파트를 보니 너무 비싸 살 엄두가 안 난다면, 대안으로 재건축 사업성이 있는 아파트를 본격적인 사업을 시작하기 전에 미리 싸게 사두는 것도 좋은 방법이다. 그런데 어떤 아파트는 올해 딱 준공 30년을 채웠음에도 마치 기다렸다는 듯이 사업 진행속도도 빠르고, 개발 프리미엄이 반영되어 가격도 하루가 다르게 오르지만, 다른 어떤 아파트는 준공 30년이 훌쩍 넘었음에도 사업 진행은커녕, 아예 재건축 이야기도 전혀 나오지 않는 아파트가 있다.

왜 이런 차이가 발생하는 것일까? 이유는 사업성의 차이 때문이다. 마치 기다렸다는 듯이 사업이 착착 진행되는 아파트는 제반여건이 너무 좋아, 새로 짓기만 하면 대박이 날 정도로 사업성이 좋은 경우다. 아예 이야기조차 나오지 않는 아파트는 어차피 재건축을 해봐야 조합원에게 별다른 이득이 없거나, 오히려 손해가 발생할 가능성이 있는 경우라고 보면 된다. 결국 관건은 아직 재건축 연한이 도래하지 않은 아파트 중에서, 나름의 사업성을 갖춘 아파트를 미리 알아보고 진입하는 것이다.

이 책에서는 전문적인 설명보다는, 초보자의 눈높이에 맞춰, 누구나 쉽게 이해할 수 있고, 적용할 수 있는 기본적인 방법을 설명함으로써, 스스로 재건축 가능성이 있는 아파트를 찾을 수 있도록 도와보겠다.

재건축, 왜 어려울까?

그런데 재건축을 제대로 공부하다보면, 사업 진행과정도 복잡하고, 규제지역에서 아무 생각 없이 거래했다가 조합원 자격을 상실할 위험도 있다. 또 예외적으로 법으로 정한 특정 조건을 갖추면 다시 조합원 자격을 주는 등 알아야 할 것이 너무 많다. 그래서 사업 중간에 재건축아파트를 사는 것이 어렵게 느껴지는 것이 사실이다. 물론 지역 공인중개사가 안전하게 거래할 수 있는 매물을 중개한다. 하지만 지역 공인중개사 역시 사람이고, 나름의 검증과정을 거쳤다고 하더라도, 입주권이 나오지 않는 매물을 중개했다가 사고로 이어지는 사례가 지금도 빈번하다.

재건축아파트를 거래할 때는 최소한의 안전장치로 특약사항에 입주권이 나오지 않으면, 계약을 무효로 한다고 기재한다. 하지만 단순히 계약을 무효로 한다고 해서 모든 것이 한순간에 제자리로 돌아오는 것이 아니다. 소송도 필요하고, 재판도 받아야 한다. 그러기 위해서는 변호사도 선임해야 한다. 애초부터 하지 않았으면 그만일 계약을 처음 상태로 되돌리는 데 시간은 시간대로 걸리고, 스트레스는 말도 못하며, 비용 또한 만만치 않다. 그나마 승소하면 다행이지만, 그렇지 못할 경우에는 정말 돌이킬 수 없는 결과를 초래하고 만다. 결국 안 그래도 재건축 과정이 복잡하고 어려운데, 정부에서 규제까지 더 해지니 더 어렵고, 불안한 것이다. 하지만 이렇게 복잡하고, 불안한 재건축도 일반인 수준에서 몇 가지만 잘 체크하면, 충분히 향후 사업 성을 스스로 평가할 수 있다. '이 아파트 무조건 대박난다'는 아니더라 도 최소한 어떤 아파트가 재건축이 가능할 것인지 가늠해보는 잣대 는 충분히 될 수 있을 것이다.

재건축 가능성을 예측할 수 있는 체크 포인트 ①

첫 번째는 아파트의 용적률이다. 사람들은 보통 아파트를 거래할 때, 준공연도, 건물의 외관, 내부가 얼마나 넓게 잘 빠졌는지, 단지 내 조경은 어떤지 등등 눈으로 보이는 외관에 집중한다. 하지만 건물은 시간이 흐를수록 노후화될 수밖에 없고, 가치도 떨어진다.

예를 들어 A아파트의 분양가가 3억 원이라면, 분양 당시에는 건 물 가격 1억 5천만 원, 토지 가격 1억 5천만 원 정도로 분양가가 책정 된다. 5년의 시간이 흘러 아파트 가격이 5억 원이 되었다면, 건물 가 격은 대략 1억 원, 토지 가격은 대략 4억 원 정도인 경우가 많다.

한마디로 아파트 가격이 오른다는 것은 아파트 건물 자체의 가치 가 오르는 것이 아니라, 아파트가 서 있는 토지 가치가 오르는 것이 다. 재건축 사업성 역시 지금 아파트가 어느 용도지역에 서 있고, 주 어진 토지 위에 기존 건물을 얼마나 높이 쌓아 놓았는지(용적률)를 체 크해야 한다. 우리나라의 모든 땅은 용도지역이라는 것이 있다. 토지 면적 대비, 건물의 높이를 각 용도지역별로 제한하고 있다. 일정 용적률을 초과해 건물을 짓지 못한다. 필연적으로 한계 용적률이 있을 수밖에 없다.

재건축을 하더라도 그 범위 내에서만 세대수를 늘릴 수 있는 것이다. 즉 기존 건물이 용적률에 여유가 있어, 재건축을 할 때, 추가로 세대 수를 더 늘릴 수 있는 정도에 따라 재건축 사업성도 차이가 발생하는 것이다. 그렇다면 아파트의 용적률이 여유가 있는지, 그렇지 않은지는 어떻게 판단할까? 특수한 경우를 제외하고, 아파트는 통상 2종 일반주거지역(이하 2종)이나 3종일반주거지역(이하 3종)에 짓는다.

'국토의계획및이용에관한법률'상 2종은 주어진 전체 토지 면적의 250%, 3종은 300%까지 허용하지만, 각 지자체 조례의 의해 조금 더 규제를 받아 2종은 230% 선, 3종은 280% 선에서 허용되는 것이 일반적이다. 거기에 이것저것 제반 사항을 고려해 조금 여유 있게 30% 정도를 빼주면, 2종은 200%, 3종은 250%가 넘으면, 사실상 재건축은 힘들다고 볼 수 있는 것이다.

여기까지 설명을 듣고, 그동안 관심 있게 보던 아파트가 3종에 용적률이 240%인데, 250%를 넘지 않으니 재건축하는 데 큰 문제가 없겠다는 판단을 할 수 있다. 옳은 판단일까? 필자가 앞에서 주어진 용적률 범위 내에서 여유가 있으면 있을수록 사업성이 있다고 했다. 2종 200%, 3종 250%는 이론상 마지노선일 뿐, 사업성을 가늠하는 기준이 아니다. 즉 최소한 이 기준은 넘지 않으면서, 여유가 있으면 있을수록 대략적인 사업성이 더 좋다고 이해하면 된다.

그럼 용도지역과 용적률은 어디서 확인할까? 관심이 가는 아파트의 용적률을 확인하고 싶다면, 먼저 포털사이트 검색창에 해당 아파트 이름을 검색한다. 아파트 개요 하단부에 있는 '더보기'를 클릭하고

들어간다. 더보기로 들어가면 다음 사진처럼 단지 정보가 나오고, 용
적률을 비롯해, 세대수, 구성세대면적, 준공연도 등을 한눈에 볼 수
있다.

단지 정보		서울시 건축물 대장 정보 ›	
세대수	340세대(총9개동)	저/최고층	5층/5층
사용승인일	1984년 06월 29일	총주차대수	-
용적률	98%	건폐율	19%
건설사	보광건설		
난방	개별난방, 도시가스		
관리사무소	02-857-6621		
주소			
면적	78㎡, 82㎡, 91A㎡, 94B㎡, 104A㎡, 104B㎡		

출처 : 네이버 부동산

그런데 간혹 단지 정보에 용적률이 표시되지 않은 아파트도 있다.
이런 아파트를 만난다면, 해당 아파트 이름만 검색하지 말고, '해당
아파트 이름 + 용적률' 형태로 검색한다. 해당 지역의 공인중개사나
지역민들이 활동하는 인터넷 카페에서 해당 아파트에 대해 올린 글이
검색될 것이고, 그 게시물들을 하나씩 읽어보면, 해당 아파트의 용적
률과 근거자료를 쉽게 확인할 수 있다.

재건축 가능성을 예측할 수 있는 체크 포인트 ②

두 번째는 구성세대면적이다. 해당 아파트의 총세대수 중에서 유난히 좁은 면적의 세대수가 많다면, 다른 객관적인 지표가 괜찮아도 재건축 사업성에 그다지 긍정적이지는 못하다. 해당 아파트의 소유자는 토지를 분할해 각자 단필지를 소유하는 형태가 아니라, 아파트가 서 있는 토지 전체를 공유지분 형태로 보유한다. 통상 조합원의 수가 적을수록, 조합원당 더 많은 지분을 가지니 추가분담금이 줄어들어 사업성이 좋아지기 마련이다. 20평대 미만 초소형면적이 많으면, 조합원당 지분이 줄어들어 추가분담금이 늘어나는 결과를 초래한다. 절대적인 기준은 아니지만, 20평 미만 초소형면적 세대수가 전체 세대수의 40%를 넘으면 재건축이 쉽지 않겠다고 생각하는 것이 좋다. 하지만 이 경우는 주변 상황에 따라 개선될 여지가 있다. 예를 들어, 기존에 없던 강남 직결 핵심 전철노선이 신설되어 서울 접근성이 획기적으로 좋아진다거나, 주변 낙후된 주택가가 정비사업으로 생활여건이 좋아지면 해당 아파트도 덩달아 땅값이 상승한다. 비록 주어진 토지 지분은 변화가 없지만, 땅값이 상승하면 추가분담금이 줄어들 여지가 있다.

쉽게 말해, 내 지분은 5평으로 변화가 없지만, 평당 5천만 원인 것과 1억 원인 것은 차이가 있다는 것이다. 땅값이 오르면 일반분양도 조금 더 비싼 분양가로 책정할 수 있어, 전체적으로 조합원의 부담은 줄고, 이익이 늘어나는 형태가 될 수 있다. 따라서 구성세대면적이 좁은 면적 세대수가 많다면, 주변 입지를 보고 크게 개선될 여지가 있는지를 잘 체크할 필요가 있다. 그럼 구성세대면적과 해당 세대수는 어떻게 알 수 있을까?

아파트 단지 정보 바로 아래를 보면, '단지 내 면적별 정보'를 볼
수 있다. 각 면적을 클릭하면, 해당 면적의 스펙이 나오는데, 중간쯤
에 해당 면적 세대수가 나와 있다. 필자가 예시로 든 아파트 91㎡는
전체 340세대 중에서 130세대나 되는 반면, 94㎡는 불과 5세대밖에
되지 않는다. 만약 관심이 가는 아파트의 구성세대 중에서 초소형면
적이 있기는 하지만, 해당 면적 세대수가 극히 적은 경우라면 신경 쓰
지 않아도 된다.

재건축 가능성을 예측할 수 있는 체크 포인트 ③

세 번째는 용도지역이다. 앞서 필자가 일반아파트는 2종일반주거
지역이나, 3종일반주거지역에 짓는다고 했다. 그러나 간혹 과거의 무
질서하고 낙후된 모습에서 새로운 환경으로 변화하면서, 이론상 아파
트가 들어오기 힘든 용도지역에 오래된 아파트가 세워져 있는 경우를
종종 볼 수 있다. 예를 들면, 공업단지 바로 인근에 있던 아파트인데,

현재는 공업단지가 모두 각종 편의시설이나 현대식으로 바뀐 경우 또는 상업시설이 집중된 대로변 배후의 아파트가 이에 해당된다.

다음 예시를 보자. 서울특별시 구로구에 있는 한 아파트다. 1987년에 준공한 아파트로 이미 재건축연한 30년이 지났고, 실제로 재건축 논의가 있다. 그런데 단지 정보를 보면, 용적률이 217%다. 만약 이 아파트가 서 있는 토지의 용도지역이 일반적인 경우처럼 2종일반주거지역이나 3종일반주거지역이었다면, 큰 사업성을 기대하기 힘들었을 것이고, 아마 지금도 재건축에 대한 논의를 하지 않고 있을 확률이 높다.

출처 : 네이버 부동산

그런데 이 아파트의 용도지역을 보면, 이야기가 달라진다. 용도지역 확인은 포털사이트에 '토지이음'이라고 검색하고 들어가면, 지번주소를 입력하는 곳이 나오고, 해당 아파트의 지번주소를 넣고 검색하면, 다음 사진과 같은 화면이 나온다.

소재지	서울특별시 구로구 구로동 685-124번지		
지목	대 ❓	면적	24,845 ㎡
개별공시지가(㎡당)	3,835,000원 (2021/01) 연도별보기		
지역지구등 지정여부	「국토의 계획 및 이용에 관한 법률」에 따른 지역·지구등	도시지역 준공업지역 도로(접합)	
	다른 법령 등에 따른 지역·지구등	가로구역별 최고높이 제한지역(2015-08-27)<건축법>, 장애물제한표면구역(진입표면)<공항시설법>, 교육환경보호구역(남부교육청에 반드시 확인요망)<교육환경 보호에 관한 법률>, 대공방어협조구역(위탁고도:해발165m(지반+건축+옥탑 등), 육군수도방위사령부(02-524-3146)관할)<군사기지 및 군사시설 보호법>, 과밀억제권역<수도권정비계획법>, (한강)폐기물매립시설 설치제한지역<한강수계 상수원수질개선 및 주민지원 등에 관한 법률>		
「토지이용규제 기본법 시행령」 제9조 제4항 각 호에 해당되는 사항			
확인도면			범례

출처 : 토지이음

　　해당 토지의 용도지역은 '국토의계획및이용에관한법률'에 따른 지역, 지구 등 코너에서 확인할 수 있는데, 이 아파트의 용도지역은 어떤가? 일반주거지역이 아닌, 준공업지역이다. 준공업지역은 3종일반주거지역에 비해 100%의 용적률이 더 허용되고, 그만큼 건물을 더 높이, 더 많이 지을 수 있다. 이 아파트의 용적률이 비록 217%라고 해도, 일반주거지역이었다면 사업성을 장담하기 힘들었겠지만, 준공업지역이기 때문에 사업성을 확보할 수 있었던 것이다. 이론상 100%의 용적률이 더 허용되니, 이 아파트의 용적률은 적어도 50% 정도는 더 여유 있게 생각해도 되며, 실질적으로 3종일반주거지역에 있다고 생각해보면, 이 아파트의 용적률은 대략 100%대 중반 정도 수준인 것과 다름이 없다. 이런 특징을 이전부터 알고 있었다면, 본격적인 재건축 사업이 시작되기 전에 진입할 수 있었을 것이고, 지금보다는 리스크와 자금 부담도 훨씬 적었을 것이다. 한마디로 숨은 보석 같은 아파트인 것이다.

아직 재건축 잠재력을 가진 아파트는 많다

실제 재건축 사업이 진행 중인 아파트는 사업성이 확실하다는 장점이 있지만, 그만큼 비싸고 고려해야 할 것도 많다. 하지만 이 책에서 설명한 요령 정도만 알고 있어도, 현재는 비록 아무런 이슈가 없지만, 조만간 재건축이 진행될 가능성이 높은 아파트를 스스로 찾아낼 수 있다. 2021년 7월에 재건축 조합원 실거주 의무가 전면 백지화되면서, 재건축아파트 위주로 더 많은 수요가 집중되고, 가격상승 또한 탄력을 받을 것으로 보인다. 아직 재건축 연한이 도래하지 않은 준공 20~30년 사이 들어오는 아파트 위주로 찾아보면, 의미 있는 결과를 얻을 수 있을 것이다. 재건축이 가능한 아파트를 저렴하게 미리 선점하는 것도 큰 지혜다.

재개발을 바라보고 빌라를 사려는데,
혹시 현금청산 되면 어떡해요?

공공주도재개발이란?

부동산에 관심이 있는 사람이라면, 공공주도재개발이라는 용어를 들어봤을 것이다. 민간이 못하고 있던 사업을, 공공주도하에 사업을 진행하겠다는 것이다. 그동안 낙후되어 도시정비가 시급했지만, 사업성이 낮거나, 조합원 간 갈등으로 사업 진행이 지지부진하던 구역들이 하나씩 공공재개발 후보지로 선정될 것으로 보인다. 사업이 불투명했던 지역이 개발대상이 되어 점점 도시 전체가 쾌적한 신도시의 모습을 갖추게 될 가능성이 높아진 것 자체는 좋은 일이다.

하지만 문제는 의도했건 의도하지 않았건 기준일 이후에 거래하는 모든 주택에 대해서는, 향후 후보지로 지정되면, 예외 없이 아파트 입주권을 주지 않고, 현금청산 대상자가 된다는 것이다. 정부가 발표한 표면적인 이유는 투기세력 진입을 사전에 차단하기 위함이라고 했지만, 투기세력은 물론, 순수하게 그 지역에 살고 싶어 계약한 사람까지, 모두 감정평가액 수준의 보상금만 받고, 내 집을 뺏겨야 하는 상황이 앞으로도 계속 나올 수 있다. 이런 문제점을 인식하고, 정부가 현금청산 기준일을 애초 계획했던 2021년 2월 5일에서 6월 29일로 연기했다. 하지만 앞으로도 언제 어느 지역이 후보지가 될지 모르니, 6월 29일 이후에 구도심에서 빌라나 주택을 산 사람은 언제든 피해자가 될 수 있는 것은 변함이 없다. 즉 근본적인 문제는 전혀 해결하지 못한 상태인 것이다.

이제부터 재개발 입주권을 살 수 없는 것일까?

그렇다면 이제부터 전국에 있는 모든 빌라나 단독주택은 사면 안 되는 것일까? 물론 이론상으로는 전국의 모든 지역이 공공주도재개발 후보지로 지정될 수는 있다. 하지만 공공주도재개발의 목적과 파급효과를 자세히 살펴보면, 앞으로 어느 지역이 후보지가 될지 짐작은 가능하다. 공공이 재개발사업을 주도하려는 근본적인 이유는 입지가 열악해 구역 자체가 사업성이 떨어지거나, 조합원 간 잦은 마찰로 사업이 진행되지 않아 구역지정이 해제되었거나 해제될 위기인 구역을, 공공이라는 하나의 주체가 일관되게 끌고 나가겠다는 것이다. 즉 민간이 주체가 되면, 각자 목소리를 내게 되고, 그 목소리 하나하나가 사업 속도를 저해하는 걸림돌이 되지만, 사업주체를 공공으로 정하면, 어쨌든 한 방향으로 사업이 진행될 것이라는 기대를 갖고 시작하는 것이다.

다만 민간이 하지 못했던 일을 공공이 해주는 대신, 그에 대한 반대급부로 조합원이 감수해야 할 것도 있다. 그중 대표적인 것이 임대주택의 비율이 늘어나는 것이다. 공공주도하에 사업도 잘 진행되었고, 건물도 더 높게 짓게 해주었으니, 민간이 주도했을 때보다 더 많은 임대주택을 정부에 기부채납하라는 의미다.

딱 여기까지만 보면 어떤 생각이 드는가? 비유를 해보자. 내 집 내부 인테리어를 하는데, 처음부터 끝까지 내가 관여한 것과 현장 책임자에게 대충 일임하고 나는 신경도 쓰지 않은 경우를 비교하면, 어느 쪽이 일을 더 깔끔하게 마무리할까? 아마도 십중팔구는 전자가 훨씬 나을 것이다. 마찬가지다. 민간에서 주도한 사업은 시공사가 조금만 잘못해도 조합원이 가만있지 않는다. 자재 하나를 쓰더라도 고급스럽고, 질이 좋은 것을 쓰며, 임대주택 비율도 훨씬 줄어든다.

그러나 공공이 주도하면, 아무래도 내 재산과 직결된 것이 아니기 때문에 세세한 부분은 신경을 덜 쓸 수밖에 없다. 즉 공공주도재개발사업은 전국을 고급스럽게 탈바꿈시키기보다는 중저가 아파트를 대규모로 공급하는 것이 주목적인 셈이다. 따라서 입지가 좋아, 고급화를 추구하는 강남권이나 마용성(마포, 용산, 성동)에서는 공공재개발에 참여하는 사업지가 거의 없을 것이다. 더욱이 강북으로 시야를 넓혀도, 뉴타운으로 대규모 개발이 예정된 곳은 역시 대상에서 제외될 가능성이 높다. 경기도를 보더라도, 개발 규모가 큰 성남이나 광명뉴타운은 역시 공공주도재개발에서 비교적 자유롭다고 볼 수 있다.

앞으로 공공주도재개발 후보지가 될 곳은?

그렇다면 어떤 지역이 앞으로 공공주도재개발 후보지가 될 확률이 높을까? 조금 더 구체적으로 살펴보자. 지난 2021년 1월 15일에 발표한 공공재개발 시범사업 1차 후보지로 선정된 곳을 보면 공통적인 특징을 알 수 있는데, 앞으로도 이들 후보지와 유사한 특징을 가진 지역이라면 다음 후보지로 선정될 가능성이 높다고 생각하고 접근하면 된다.

　1차 후보지 중에서 2군데 정도를 골라 특징을 살펴보자. 봉천13
구역은 2009년에 정비구역으로 지정했으나, 2019년까지 동의율 43%
밖에 얻지 못하는 등, 아직 조합설립조차 못하고 있는 실정이다.

　2019년에 정비구역일몰기한 연장 요청을 했고, 2020년에 요구가
받아들여져, 현재는 2022년 3월까지 기한이 연장된 상태인데, 참고
로 정비구역일몰기한이란 일정 기간 사업의 진척이 없을 경우, 재개
발이나 재건축 사업지를 정비구역에서 전면 해제하는 제도를 말한다.
즉 봉천13구역은 구역지정 이후에 오랜 기간 동안 사업에 진척이 없
어 구역지정을 해제 당할 위기에 있었지만, 임시방편으로 그 결정을
2년간 유보시켜 시간만 벌어놓은 것이다.

　양평13구역은 준공업지역으로 2010년에 조합설립 및 사업시행인
가를 완료했다. 그러나 한계 용적률과 분양가상한제 등으로 인한 수익
성 부진으로 사업이 상당기간 정체되어 있었으며, 그 과정에서 주민
간 갈등이 지속되어왔던 대표적인 사업구역이다. 지금까지 사업 속도
가 부진했던 이유가 사업성 부족이었던 만큼, 공공이 개입해 주민 갈
등 중재, 초기사업비 지원, 주거지역 내의 용적률 완화, 분양가상한제
제외 등 여러 혜택을 주어, 사업성을 개선해나갈 방안인 것이다.

출처 : 카카오맵

〈공공재개발 후보지 선정결과(기존구역)〉					
구 역 명	위 치	면 적(㎡)	구역지정	기존세대수	예상세대수
흑석2	동작구	45,229	'08년	270	1,310
양평13	영등포구	22,441	'09년	389	618
용두1-6	동대문구	13,633	'07년	432	919
봉천13	관악구	12,272	'09년	169	357
신설1	동대문구	11,204	'08년	206	279
양평14	영등포구	11,082	'13년	118	358
신문로2-12	종로구	1,248	'83년	-	242
강북5	강북구	12,870	'14년	120	680

• 예상 세대 수는 추후 서울시 도시계획위원회 심의에서 변경 가능

출처 : 국토교통부

앞에서 살펴본 두 사업구역의 공통점이 무엇인가? 한마디로 사업성이 부족하고, 주민 갈등으로 사업 진행 속도가 지지부진하다는 것이다. 그렇다면 이번에는 폭을 넓혀서 생각해보자. 서울에서는 주로 강북지역 중에서 전철역과 거리가 멀면서 규모가 작은 구역이나, 뉴타운으로 지정되었다가 주민 마찰로 일부 구역지정이 해제된 곳을 가장 먼저 다음 공공재개발 후보지로 떠올릴 수 있다. 경기도도 마찬가지다. 성남이나 광명뉴타운 중에서도 일부 구역이 해제되었던 곳, 그 외에 경기도 지역에서는 구역이 작으면서, 사업 속도가 더딘 곳은 언제든 공공주도재개발 후보지가 될 수 있다. 냉정하게 판단했을 때, 1차 후보지와 유사한 특징을 가진 지역이라면, 지금 당장은 아니라도 언제든 후보지가 될 수 있으니, 이 구역 내에서의 빌라나 단독주택 거래는 신중해야 한다. 과거에는 구역지정이 해제된 곳도 '언젠가는 다시 하겠지'라는 생각으로 저렴할 때 매수해서 몸테크하며 버티는 경우도 많았지만, 이제 이런 방법은 통하지 않을 전망이다. 이득을 보기보다는, 오히려 큰 낭패를 볼 가능성이 높기 때문이다.

해결해야 할 숙제는?

공공주도재개발은 자체 사업 추진이 힘든 구도심이 점점 슬럼화되는 것을 막고, 빠르게 도시의 기능을 회복할 수 있도록 한다는 점에서 매력적인 제도다. 그러나 정부 입장은 제도 도입의 주된 목적이 투기세력을 막는 것이라고는 하지만 순기능보다는 역기능이 훨씬 큰 것이 사실이다.

'2·4 부동산 대책'이 발표된 이후로 가장 큰 문제는 역시 기준일 이후에 순수하게 실거주할 목적으로 해당 구역에 집을 사는 사람들을 전혀 구제하지 못한다는 것이다. 입주권을 주지 않는 것은 상관없지만, 오직 실거주 목적으로 전입한 사람도 감정평가액 수준으로 보상하고, 강제로 재산권을 빼앗는다는 것은 심각한 문제다.

만약 불가피하게 조합원 자격을 주지 않을 것이라면, 일정한 기준을 정해 실거주 목적이었음을 증명하고, 감정평가액이 아니라, 시세에 맞는 보상을 하는 방안이 필요해보인다. 이렇게 재산권이 제한되면, 종국에는 내 집을 팔고 싶어도 팔 수 없는 우스운 상황이 발생할 것이다. 누군가가 사고 싶어도 살 수가 없으니 말이다.

23

3기 신도시를 기다리고 있는데,
언제쯤 입주할 수 있을까요?

사전청약, 대장정의 시작?

3기 신도시가 2021년 7월을 시작으로 일제히 사전청약에 들어갔다. 예상한 대로 청약경쟁률은 높았고, 예상 당첨 저축총액 또한 생각한 것 이상으로 높을 것이라는 의견이 많다. 그러나 선호도가 높은 면적 세대수가 너무 적었고, 특정 타입에 경쟁이 과열된 문제점도 드러났다. 어쨌든 말도 많고, 탈도 많았던 3기 신도시 조성사업이 드디어 시작된 것이다. 그렇다면 3기 신도시는 사전청약이 시작되었으니 입주 시기를 정확하게 알 수 있는 것일까? 아쉽게도 사전청약을 시작해도, 토지 보상이 마무리되지 못하면, 입주시기를 전혀 예상할 수 없다. 한마디로 사전청약은 말 그대로 사전청약일 뿐, 그 이상도 이하도 아닌 것이다.

사전청약 전에 토지 보상이 완료되지 못한 이유는?

3기 신도시 예정지는 토지 보상을 마무리하지 못하고 사전청약을 받았다. 원래 사전청약이라는 제도는 본청약을 하기 전에 일부 물량을 조기에 공급해 주거 불안 해소를 앞당기는 의도를 갖고 있다. 비록 계획이 틀어지기는 했지만, 애초에 정부에서는 3기 신도시에 사전청약제도를 적용한다고 발표하면서, 반드시 토지 보상을 끝낸 후에 사전청약을 진행한다고 명확하게 한 바 있는데, 주된 이유는 2009년 보금자리주택과 하남 감일지구의 사전예약제의 부작용을 답습하지 않기 위해서였다. 당시 보상절차도 끝나지 않은 상태에서 무리하게 사전청약을 받았다가, 입주시기를 앞당기기는커녕, 오히려 예정보다 훨씬 늦게 입주가 시작되면서 크고 작은 부작용이 속출했기 때문이다.

그렇다면 이런 사전 준비에도 이번 3기 신도시 역시 사전청약 전에 토지 보상 절차를 마무리하지 못한 이유는 무엇일까? 이유는 한동안 온 나라를 떠들썩하게 했던 LH 사태로 인해서 3기 신도시 예정지 지주들이 보상작업 '집단 보이콧'에 나섰기 때문이다. 곳곳에서 아예 3기 신도시 계획 자체를 철회하라는 요구도 있었다. 협상 자체를 거부하고 있으니 협상이 진전될 리가 없었고, 사전청약 전에 보상을 마치는 것이 불가능했던 것이다. 물론 지주들이 담합해 협상에 임하지 않더라도, 이론적으로는 강제로 수용할 수 있다. 그러나 이 역시도 법적 절차를 따르자면, 상당한 시간이 필요하기 때문에 적절한 대안이 되지는 못했던 것으로 본다. 통상 협의매수가 안 된 토지에 대해서는 수용재결과 이의재결이라는 절차를 거치게 되고, 이 과정을 거치면 사업시행자에게 수용 권한이 생기지만, 여기서도 토지주가 만족하지 못하면 행정소송까지 갈 수 있기 때문에, 경우에 따라서는 몇 년간 공사가 진행되지 못할 수도 있다.

협의매수 ▶ 수용재결 ▶ 이의재결

벌써 부작용이 속출할 조짐을 보이고 있다

토지 보상이 마무리되지 않은 상태에서 사전청약을 하면 구체적으로 어떤 부작용이 발생할까? 가장 먼저 생각해볼 수 있는 것은 바로 입주시기가 무한정 연기된다는 것이다. 앞서 필자가 3기 신도시에 사전청약 제도를 도입하는 이유는 2009년 보금자리주택과 하남 감일지구의 사전예약제 부작용을 답습하지 않기 위해서라고 했다.

'보금자리주택'은 주민 반발로 토지 보상이 지연되면서 본청약이 계획보다 5년 늦어졌다. 하남 감일지구는 사전청약 당첨에서 입주까지 10년이나 걸렸다. 두 번째 부작용은 당첨자 입주조건 때문이다. 사전청약에 당첨된 사람은 당첨된 순간부터 입주하기까지, 반드시 무주택 상태를 유지해야 한다. 이미 3기 신도시 예정지 주변은 예비청약자들이 몰리면서 전세가격이 단기간에 급등한 상태다. 3기 신도시 청약일정 알리미 신청자 수가 이미 40만 명이 넘은 것만 봐도 3기 신도시를 기다리는 무주택자가 얼마나 많은지 대략적으로 짐작이 가능하다. 이런 상태가 지속되면, 3기 신도시 주변지역을 중심으로 전세가격은 계속 오른다. 사전청약에 당첨된 후에도 적어도 4년에 한 번은, 그동안 올라버린 전세가격을 감당해야 한다.

거기에 입주가 지연될수록 임대차계약이 종료될 때마다 이곳저곳을 옮겨 다녀야 하는 불편함도 있을 것이다. 그리고 결정적으로 입주가 지연되면 분양가도 점점 더 비싸질 가능성이 높다. 최근에 조성된 택지개발지구의 주변시세 대비 분양가 수준을 보더라도 대부분이 70에서 80% 수준에서 책정이 되었다. 3기 신도시 역시 이 수준을 유지할 것이라고 발표했다. 그런데 여기서 중요한 것은, 3기 신도시는 아직 주변시세가 고정이 되지 않았다는 것이다. 현재 주변시세가 5억 원이면 5억 원의 70%인 3억 5천만 원에 분양할 것이다. 주변시세가 10억 원이 되면 10억 원의 70%인 7억 원에 분양할 것이다. 즉 분양가가 고정되지 않은 상태에서 시간이 지체되면 그만큼 비교대상이 되는 주변시세는 오를 수밖에 없고, 오른 주변시세는 결국 분양가에도 영향을 주게 된다.

최근 조성된 택지의 주변시세 대비 분양가 수준

지구	3.3㎡당 평균 분양가	주변 단지 평균 거래가 대비
고양향동지구	1,145만 원~1,341만 원	70~74%
고양지축지구	1,305만 원~1,674만 원	75~86%
구로항동지구	1,154만 원~1,273만 원	78~80%
고덕강일지구	2,107만 원~2,346만 원	78~79%

출처 : 국토교통부 실거래가 공개시스템

토지 보상 없이는 3기 신도시도 없다

앞에서 언급한 부작용도 문제지만, 사실은 더 큰 문제가 있다. 원래 계획은 토지 보상 완료 후, 사전청약을 하는 것이었지만, 부득이하게 둘의 순서가 바뀌었다. 그런데 그나마 이 두 과정은 서로 순서를 바꿔도 느리게나마 어쨌든 사업 진행이 가능했지만, 그 이후 과정은 토지 보상 없이는 진행 자체가 불가능하다는 것이다. 구도심과 신도시의 가장 큰 차이점은 철저한 도시계획에 의해 조성되느냐, 그렇지 못하냐의 차이인데, 구도심은 법의 테두리 안에서 자신의 땅에 자신의 건물을 올리면서 자연스럽게 조성된 도심이지만, 신도시는 전체 부지를 어떻게 나누고, 특정 블록에는 반드시 특정 건물만 들어올 수 있도록, 도시 전체의 계획이 미리 세워져 있다. 즉 개발주체가 계획대로 신도시를 만들려면, 사업지의 모든 땅을 수용하고, 평탄화 작업을 마친 다음, 도로로 구획을 나눠, 각 구획별로 당초 도시계획에 맞는 건물을 지을 사업주체에게 재분양을 해야 한다. 만약 해당 블록이 공동주택 용지라면, 건설사가 그 부지를 분양받아 아파트를 올려야 하는데, 토지 보상이 마무리되지 않으면, 수용을 할 수 없고, 수용이 되지 않으면, 재분양도 할 수 없어, 아예 건물을 지을 수가 없다. 따라서 토지 보상 완료 없이, 3기 신도시는 단순히 늦어진다는 개념이 아니라, 아예 신도시 조성 자체가 불가능하다고 보면 된다.

그래도 3기 신도시 입주시기를 예측해본다면?

물론 토지 보상은 언젠가는 마무리될 것이다. 통상 보상계획수립 후, 큰 걸림돌이 없다는 가정하에 토지 보상 기간을 2년 정도 보지만, 현재는 이보다 더 길어질 가능성이 매우 높다. 만약 우여곡절 끝에 토지 보상을 마무리한다면, 그때는 어림잡아 입주시기를 예상해볼 수 있다. 토지 보상이 2022년 말에 마무리된다고 가정해보자. 보상절차가 끝나는 대로 토지 평탄화 작업, 도로개설, 재분양까지 2년여가 필요하며, 통상 1,000세대 아파트를 짓는 데 30개월이 걸린다. 신도시 최초 시범단지는 통상 1,000세대 이상의 대단지인 것을 감안하면, 대략 3년 정도가 필요하니, 최초 입주까지는 5년 정도가 필요한 셈이다. 2022년 말에 토지 보상을 마무리할 수 있다면, 2027년쯤에는 3기 신도시에 첫 입주가 가능할 것으로 예상한다.

24

3기 신도시 사전청약에 당첨되면
이제 집 걱정 없이 살 수 있겠죠?

사전청약에 당첨된다는 것은 어떤 의미인가?

2021년 7월부터 시작된 3기 신도시 사전청약은 처음부터 경쟁률이 높을 것이라고 예상했지만, 실제 경쟁률은 예상을 뛰어넘었다. 그 말은 곧, 경기도에는 3기 신도시를 내 집 마련의 종착지라 생각하는 무주택자가 그만큼 많다는 뜻이다. 아마도 3기 신도시와 주변 도심의 집값과의 상관관계 때문에, 당장 청약 자격이 안 되는 사람들도 3기 신도시에 많은 관심을 갖고 있을 것으로 추측한다. 아무리 경쟁률이 높아도 결국은 당첨될 사람은 모두 당첨이 될 것이고, 드디어 내 집을 마련했다는 생각에 행복한 나날을 보낼지도 모른다. 그런데 과연 당첨만 되면, 모든 것이 해결되는 것일까?

필자가 이런 우려를 하는 이유는 사전청약의 의미 때문이다. 사전청약에 당첨이 되었다는 것은, 단지 언젠가는 나와 내 가족이 들어갈 집이 생긴다는 의미, 그 이상도 그 이하도 아니다. 기간이라도 확정되어 있다면, 희망을 갖고 시기에 맞춰 계획도 세울 수 있을 텐데, 언제가 될지도 모르는 입주를 기다리며, 끊임없이 전세난민 생활을 해야 하는 현실이 남아 있다. 경우에 따라서는 10년 또는 그 이상의 기다림

이 될 수도 있는데, 전셋집을 옮겨 다닐 때마다, 매물이 귀해 집 자체를 구하는 것도 문제지만, 새로운 전셋집을 구할 때마다, 그동안 폭등한 전세가를 감당해야한다. 사전청약에 당첨되어도, 확실성을 담보하는 것이 거의 없다는 것이 가장 큰 문제다. 따라서 사전청약에 당첨이 되건 안 되건, 그냥 넋 놓고 있어서는 안 되며, 입주하는 그날까지 계속 대안을 찾아 내 집 마련 시기를 앞당길 수 있어야 한다.

자금 여력이 된다면, 지금이라도 구축아파트를 사라

주변 아파트를 사자니 도저히 여력이 되지 않아, 지푸라기라도 잡는 심정으로 3기 신도시를 기다리는 것이라면, 그것은 현명한 선택이 될 수 있다. 하지만 서울 외곽이나, 경기도 주요지역에서 당장 집을 살 여력이 됨에도 불구하고 3기 신도시만 바라보고 있다면, 그것은 생각을 해볼 필요가 있다. 필자는 집을 살 여력이 된다면, 3기 신도시를 바라보지 말고, 지금 당장이라도 집을 사라고 강력하게 권한다. 이유는 무엇일까? 아직도 시장에는 집값이 계속 오를 요소들만 수두룩하고, 집값을 잡을 만한 요소는 전혀 보이지 않기 때문이다. 집값이 조만간 오르는 것을 멈추고, 조정기에 들어갈 것이라고 말하는 사람들의 공통적인 의견은 단기간에 폭등해, 지금은 너무 비싸다는 것인데, 도대체 비싼 것의 기준이 무엇인가? 과거에 비해서? 1년 전에 비해서? 만약 이런 막연한 생각을 갖고 있다면, 지금 당장 자신이 생각하는 과거시점이나 1년 전 집값이 얼마였는지 찾아보라. 아마 그때도 지금과 똑같은 생각을 했을 것이다. 즉 집값이 너무 비싸니, 이제는 떨어질 때가 되었다는 것은 그저 막연한 생각일 뿐, 집값은 과거에도,

1년 전에도, 지금도 여전히 비쌌다.

주택공급대책을 발표했다고는 하지만 그 많은 계획들이 제대로 실행될지도 의문이다. 설령 100% 실행된다고 하더라도, 실제 시장에 주택을 공급해 수요와의 균형을 맞추려면, 최소한 7~10년은 걸릴 것이다. 더욱이 임대차 3법 시행으로 2년마다 나와야 할 매물이 4년마다 나오게 되었다. 전세 매물이 대폭 줄어든 것도 문제지만, 다주택자에 대한 징벌적 과세로 증여를 택하는 다주택자가 늘면서, 시장에 임대주택이 더욱 줄어든 것도 큰 문제다. 전세매물 감소는 전세가 폭등으로 이어지고, 전세가 폭등은 매매가를 다시 밀어 올리는 현상이 반복되고 있다. 서울 및 수도권 인구가 해마다 늘어나는 추세에서 마땅한 공급이 없는데, 도대체 무엇을 보고 집값이 떨어질 것이라 생각하는가? 지금 당장 집을 살 수 있는 여력이 됨에도 3기 신도시에 막연하게 도전하다가는, 어느 순간 지금 가진 돈으로도 집을 살 수 없는 날이 올 것이다. 그나마 당첨이라도 되면 다행이지만, 만약 원하는 결과를 얻지 못했을 때는 그 후폭풍을 어떻게 감당할 것인가? 확실히 계산이 서는 것을 포기하고 불확실성을 선택할 때는, 계산 이상으로 얻는 것이 있어야 한다. 3기 신도시에 청약하는 것이 과연 그만큼의 가치가 있을까?

3기 신도시는 오히려 집 걱정을 더 키울 수 있다

앞서 3기 신도시의 최초 입주예상일을 토지 보상이 2022년까지 완료된다는 가정하에 2027년경으로 예상했다. 과연 이때 최초 입주가 가능할지도 모르겠지만, 만약 된다고 하더라도 그건 어디까지나 최초 입주다.

3기 신도시에 예정된 엄청난 물량은 시간을 두고 순차적으로 분양할 것이고, 사전청약에 당첨되지 못한 사람도, 분양일정에 맞춰 하나둘 당첨의 기쁨을 누릴 것이다. 그런데 최초 입주가 2027년이라면, 후에 분양하는 국민주택이나, 국민주택 분양 종료 후에 시작되는 민영주택에 당첨된 사람은 언제 입주할 수 있는 것일까? 최초 입주가 2027년이니, 경우에 따라서는 앞으로 10년 이상이 걸릴 수도 있다. 최악의 경우 40대 중반인 사람이 거의 환갑을 바라보는 나이가 되서야 입주가 가능하다. 그때까지는 불가피하게 남의 집에서 살아야 한다. 그리고 그사이에 폭등까지는 아니더라도, 최소한 집값은 물가상승률 수준 이상은 계속 오를 것이다. 과연 기다리는 것이 답일까? 한 번쯤 생각해봐야 할 문제다.

25

앞으로 오를 아파트를
어떻게 알 수 있을까요?

오를 아파트 vs 안 오를 아파트

한정판으로 나온 기념품이 있다고 가정해보자. 이 기념품은 세상에 단 10개밖에 없으며, 추가 생산계획도 없다. 워낙 인기가 많아, 시장에 찾는 사람은 수십만 명이다. 앞으로 이 기념품의 가치는 어떻게 될까? 아마도 하루가 다르게 값이 오를 것이고, 경매로 나온다면, 낙찰가는 상상을 초월할 것이다. 반대로 공장에 대량생산 시스템이 구축되어 있어 언제든 원하는 만큼 생산 가능한 물건이지만, 시장에 찾는 사람이 거의 없다. 이 물건의 가치는 앞으로 어떻게 될까? 시간이 아무리 흘러도 가치는 오르지 않고, 급하게 처분하려면, 원래 산 가격보다 대폭 낮춰야 겨우 거래가 될 수도 있다.

집값도 마찬가지다. 누구나 선호하는 입지를 가진 아파트는 매물 수에 비해, 항상 사려는 사람이 많다. 시장에 매물이 나오자마자 대부분 하루, 이틀 내에 거래된다. 하루가 다르게 호가가 상승한다. 호가를 갑자기 높이면, 당장 시장이 그 가격을 받아들이지 못해 잠시 거래가 중단되지만, 머지않아 그 호가는 실거래가가 되어 가격은 단계적으로 상승한다.

반대 경우를 보자. 선호도가 낮은 입지를 가진 아파트는 투자자보다는 실거주자가 많아 매물도 잘 나오지 않지만, 간혹 매물이 나와도 한참 동안 거래가 되지 않는다. 처분해야 할 시기보다 여유 있게 내놓았지만, 오랫동안 거래가 되지 않아 시간이 촉박해진다.

기간을 맞추기 위해 어쩔 수 없이 처음 호가보다 낮추게 되고, 그렇게 단계적으로 낮추다 보면, 가끔 있는 수요자와 의견이 맞아 거래가 성사된다. 실제 거래가격은 처음 호가보다 낮아져 있다. 지금까지의 설명을 종합해보면, 결국 앞으로도 오를 아파트를 찾기 위해서는 누구나 선호하는 입지를 선택해야 한다는 것인데, 필자는 무조건 강남으로 가라는 무책임한 말은 하지 않을 것이다. 사람마다 자금사정이 다르기에 절대적인 기준을 적용해서는 아무 의미가 없기 때문이다. 따라서 가장 좋은 입지를 선택할 수 없다면 차선책, 차차선책을 선택할 수 있어야 한다.

모든 것을 가질 수 없다면?

무엇에 기준을 두고 최상위 입지와 그다음 입지순으로 차선책, 차차선책을 구분할 수 있을까? 공세권, 숲세권, 역세권, 버세권, 초품아 등의 용어를 들어봤을 것이다. 아파트 바로 옆에 공원을 끼고 있느냐, 숲을 끼고 있느냐, 전철역을 끼고 있느냐, 광역버스 정류장을 끼고 있느냐, 초등학교를 단지 내에 품고 있느냐에 따라 입지적 장점을 간단히 표현하는 용어인데, 물론 모든 조건을 다 갖춘 아파트가 가장 좋다. 그러나 문제는 이런 아파트는 어마어마하게 비싸다는 것이다.

요즘 같은 집값 폭등시대에는 아마도 평당 최소한 5천만 원이 훌쩍 넘는 시세를 형성하고 있을 것이다. 그렇다면 차선책, 차차선책을 선택하려면 어떻게 해야 할까? 큰 틀에서 생각할 수 있는 방법은 앞에서 열거한 여러 조건 중에서 한 가지씩 제외하면서 후보를 추려내는 것이다.

예를 들어, A아파트는 전철역도 가깝고 초등학교도 가깝지만, 녹지가 부족해 삭막하다거나, 반대로 B아파트는 인근에 큰 자연공원이 있어 쾌적하지만 전철역과 광역버스 정류장과의 거리가 멀어 이용하기 불편할 수도 있다. 이렇게 선택지가 나뉜다면, 각자의 선호도에 따라 선택하면 되지만, 단순히 생활의 편의 자체에만 초점을 맞추는 것이 아니라, 그래도 장기적으로 내 집 역시 앞으로 계속 가치가 오를 것을 기대한다면, 다른 요소들보다 우선해야 할 것이 있다.

지금은 고속전철의 시대

만약 아파트의 입지를 결정하는 요인 중 어느 것을 우선해야 할지 막막하다면, 다른 요인보다는 철도를 가장 우선해 결정하는 것이 좋다. 이유는 지금까지의 개발방향과 우리나라의 경제수준 때문이다. 우리나라는 '철도의건설및철도시설유지관리에관한법률'에 따라 최상위 철도 법정계획인 국가철도망 구축계획 10년간의 계획을 5년마다 발표하고 있다. 2021년까지 총 4차 계획까지 발표되었다. 10년 계획을 5년마다 기간을 겹쳐서 발표하니, 실제 우리나라는 지금까지 20년 이상에 걸쳐 국가철도망 구축계획 기반의 개발해온 것이다. 따라서 지금까지는 물론, 앞으로의 개발방향도 국가철도망 구축계획을 보면,

다른 무엇보다도 왜 철도가 중심이 되어야 하는지 알 수 있다.

국가철도망 구축계획

간단히 전체 흐름만 살펴보는 차원에서 국가철도망 구축계획을 분석해보자. 2006년에 처음으로 1차 계획을 발표했다. 2차 계획까지 오는 동안, 우리나라 경제성장을 목표로 각 도시 간 긴밀한 수송 및 협력이 가능하도록 단순히 속도를 높이는 것이 목표였다. 즉 먹고사는 문제를 전혀 걱정할 필요 없는 나라를 만드는 것이 목표였던 셈이다.

그러나 3차 계획부터는 단순히 속도만 높이는 수준에서 그치지 않는다. 출퇴근 시간을 더욱 단축하는 것은 물론, 서울 중심지까지 출퇴근이 가능한 지역을 더욱 확대하고, 퇴근 후에도 저녁생활이 가능한 삶, 즉 단순히 먹고사는 문제를 넘어, 국민의 삶의 질을 향상시키는 것이 목적인 것이다.

4차 계획에서는 3차 계획과 개발 흐름을 함께 하면서, 교통에서 소외되었던 지역으로 수혜 범위를 확대하는 노선들이 대거 포함되었다. 따라서 지금도 그랬지만, 앞으로도 버스노선 확충이나 도로신설보다는 교통상황과 상관없이 거의 일정 간격 및 속도로 운행할 수 있는 전철 위주의 개발이 집중될 수밖에 없다. 전철 중에서도 외곽에서 빠르게 중심지로 이동할 수 있는 고속전철 위주로 더 많은 예산이 편성되고, 개발속도를 더 높일 것을 예상해볼 수 있는 것이다.

나는 자동차가 있으니 전철을 이용할 일이 없고, 비싸고 좁은 역세권 아파트보다는 더 조용하고, 넓은 아파트에서 살아야겠다는 생각을 한다면, 그것은 개인의 선택이니 필자가 강요할 수는 없다. 그러나 한 가지만 기억해두자. 집은 내가 좋아하는 집을 사는 것보다, 모두가 좋아할 집을 사는 것이 향후 미래 가치가 더 크다. 수요가 많아야 물건의 가치도 오르는 것이고, 내가 원할 때, 원하는 가격으로 원활히 처분도 가능하기 때문이다.

---

3. 이번 4차 철도망계획의 주안점은? 이전 계획과 차별화되는 부분은?

☐ 4차 철도망계획은 철도가 국민이 원하는 경쟁력을 갖추고, 국가 균형발전과 그린모빌리티를 주도하기 위한 7대 추진방향을 설정

○ 3차 계획 기조를 유지하여 철도운영 효율성 제고, 전국 주요거점의 고속연결, 안전하고 편리한 철도이용 환경을 조성 등 과제 추진 계획

※ 철도의 친환경성, 지역발전효과 등을 고려하여 철도투자 규모를 종전 대비 대폭 확대(3차 계획 90.7조원 → 4차 계획 119.8조원)

출처 : 국토교통부

고속전철이 예정된 주변 아파트를 주목하자

모든 조건을 충족하기 힘들다면, 다른 요인들 중 역세권 아파트를 선택해야 한다. 그렇다면 전철역 주변에 있는 아파트는 모두 편하게 매수해도 되는 것일까? 물론 꼭 그런 것은 아니다. 이유는 서울 중심지와 직결되거나, 직결되지 않더라도, 이전보다 월등히 접근성을 개선하는 노선이라면 이미 가격이 비쌀 것이다. 반대로 전철역은 눈앞에 있지만, 가격변동이 크지 않은 아파트는 집 앞의 전철노선이 그다지 가치가 없는 노선이라, 앞으로도 큰 상승을 기대하기 힘들 것이기 때문이다.

정리하면, 아직은 비싸지 않으면서, 가치가 높은 고속전철의 신설 역세권 범위 내에 들어올 예정인 아파트가 훌륭한 차선책이 될 수 있다는 뜻이다. 대표적인 고속전철은 GTX, 신분당선, 신안산선, 월판선 등을 들 수 있고, 비록 고속전철은 아니지만, 서울 중심지와의 접근성을 획기적으로 개선하는 3호선, 8호선, 9호선 수도권 연장선을 들 수 있다.

현재 확정된 노선에서 추가 연장이 계획된 노선이 있을 것이다. 반드시 고속전철 자체에서 연장된 노선이 아니더라도, 한두 정거장 차이로 쉽게 환승이 가능하다면, 역시 지금은 저렴하지만 향후 큰 가격 상승을 기대해볼 수 있다. 필자가 4차 국가철도망 구축계획을 바탕으로 좋은 예시가 될 수 있는 노선 및 지역을 3군데만 선정해봤다.

GTX-A 동탄역에서 환승이 가능한 인동선(신수원선) 능동역 역세권

출처 : 카카오맵

인동선(신수원선) 자체는 서울 직결노선도 아니고, 고속전철도 아니다. 하지만 이 지역은 단 두 정거장으로 동탄역에서 GTX-A노선으로 환승해 서울까지 쉽게 도달할 수 있다. 기존 대중교통으로는 서울 중심지까지 약 2시간 가까이 소요된다.

인동선이 GTX-A노선과 환승이 가능해지면서, 약 30분이면 서울중심지까지 도달이 가능한 획기적인 변화가 일어나는 지역이다. 특히 동탄1신도시에 속한 아파트보다는, 병점에 속한 아파트가 부담 없이 접근하기에 좋은 가격대를 형성하고 있다. 이미 확정 및 착공한 노선이라는 점에서 리스크는 없는 상태다.

GTX-A 동탄역에서 환승이 가능한 분당선 오산역 역세권

출처 : 카카오맵

기존 분당선이 기흥역에서 동탄역을 거쳐, 오산역까지 연장되는 사업이 제4차 국가철도망 구축계획에 포함되었다. 분당선 역시 고속전철은 아니지만, 단 두 정거장으로 동탄역에서 GTX-A노선으로 환승해 서울까지 쉽게 도달할 수 있다. 기존 대중교통으로는 서울중심지까지 약 2시간 가까이 소요되지만, 분당선 덕분에 GTX-A노선과 환승이 가능해지면서, 역시 획기적인 변화가 일어나는 지역이다. 다만 오산역 반경 500m 이내에는 아파트가 없다. 통상 역세권을 역사에서 반경 500m까지를 보지만, 오산역은 조금 특이한 경우이므로, 역세권의 범위를 조금 더 확대해서 적용해도 좋을 것으로 본다. 오산역까지 도보로 이동이 가능하면서, 대략 4~500세대 이상의 세대수를 갖춘 아파트라면, 눈여겨봐도 좋을 것이다.

신분당선 2차 연장선 봉담역 역세권

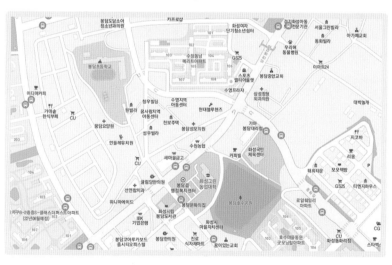

출처 : 카카오맵

신분당선은 기존 광교중앙역에서 호매실까지 1차 연장 확정되었고, 제4차 국가철도망 구축계획에 화성 봉담까지 2차 연장계획이 포함되었다. 신분당선은 앞서 소개한 두 노선과는 달리, 노선 자체가 고속전철이다. 환승 없이 서울중심지로 빠르게 도달할 수 있다는 장점이 있다. 하지만 1차 연장노선부터는 복선이 아닌 단선으로 운행되는 특성상, 노선 자체의 가치는 본선에 비해 효율성은 조금 떨어진다. 그러나 앞서 1차 연장안 발표 및 확정 과정에서 봤듯, 신분당선 남부 연장의 효과는 상당했다. 따라서 2차 연장안 역시 봉담역 주변 아파트 가격에 상당한 영향을 줄 것으로 보인다. 사진 안에 들어오는 아파트들을 관심 있게 볼 필요가 있다.

국가철도망 구축계획에 포함만 되면 대박?

지금까지 소개한 세 지역은 신설철도계획을 기준으로 내가 살 아파트를 고를 때, 차선책 또는 차차선책으로 삼기에 좋은 본보기가 될 지역을 선정해봤다.

필자가 언급하지 않았다고 해서, 언급한 지역보다 가치가 떨어지는 것도 아니고, 경기 남부 지역 위주로 예를 들었지만, 좋은 지역이 경기 남부에만 있는 것도 아니다. 따라서 필자가 소개한 지역의 공통점을 찾고, 비슷한 조건을 갖춘 지역을 스스로 찾아보면, 엄청난 공부가 될 것이다. 그리고 마지막으로 강조하고 싶은 것이 있다. 국가철도망 구축계획에 포함되었다고 해서, 무조건 확정된 사업은 아니라는 것이다.

국가철도망 구축계획에 포함된 것의 정확한 의미는 '사업 확정'이 아니라, '충분히 사업 타당성을 고려해볼 가치가 있으니, 본격적으로 논의를 해봅시다' 정도인 것이다. 즉 사업 타당성 분석 결과에 따라 전면 백지화될 수도 있고, 당당히 사업성을 인정받아 실제 타고 다닐 노선이 될 수도 있는 것이다. 그리고 아무 전철노선이 없는 지역에 처음으로 역사가 들어서는 경우라면, 역사의 위치는 언제든 변경될 수 있다. 이런 특징을 감안해서 내가 집을 살 지역을 선택하고, 수시로 언론보도와 관련 유튜브 영상을 꾸준히 보면서, 최신 발표내용에 따라 탄력적으로 대응할 수 있어야 한다.

26

그 지역 대장아파트를 아는 것이
중요하다는데, 왜 그런가요?

대장아파트를 찾는 것이 중요한 이유

그 지역을 알려면 대장아파트부터 파악하라는 말이 있다. 이유가 무엇일까? 그 이유는 대장아파트는 인근 부동산 시장의 가격흐름과 함께 움직이고, 그 지역 전체 아파트 가격을 주도하기 때문이다.

대장아파트와 유사한 가격 흐름을 보이는 단지, 즉 대장아파트와 일정한 가격 격차를 유지하면서 오르면 같이 오르고, 폭등하면 같이 폭등하는 아파트라면 주변 개발 호재에도 탄력적으로 가격이 움직이는 아파트라고 봐도 좋다는 것이다. 물론 가장 좋은 방법은 대장아파트를 매수하는 것이다. 그런데 대장아파트를 매수하기에는 자금이 부족할 수도 있고, 다른 여러 이유로 매수가 힘들 수도 있다. 그때는 대장아파트를 중심으로 그 지역에서 대장아파트와 가격 흐름을 함께하는 아파트 리스트를 만들고, 그중에서 자금 사정에 따라 플랜B나 플랜C로 생각하고 매수하는 것도 아주 좋은 방법이다.

대장아파트를 찾는 방법

대장아파트를 어떻게 찾는지 자세히 살펴보자. 포털사이트 검색 창에 KB리브온이라고 검색을 한다. 그럼 바로 아래 KB부동산 리브온과 바로 연결되는 링크가 나오는데 거기를 클릭하고 들어간다. 그리고 KB부동산 리브온 홈페이지가 나오면, 화면 좌측상단에 있는 빨간 박스를 클릭한다.

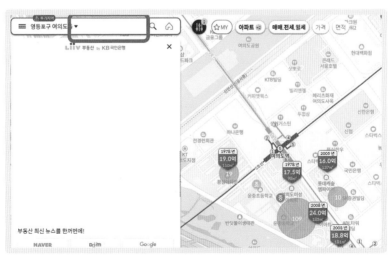

평소에 관심 있게 보던 아파트 이름을 넣고 검색을 한다. 검색결과가 나오면 빨간색 화살표로 표시된 '꿀시세' 부분을 클릭한다.

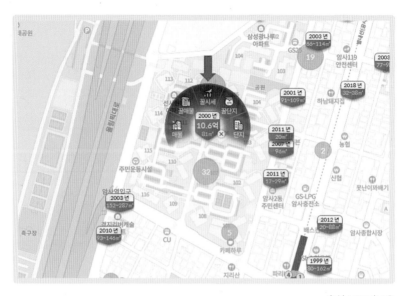

출처 : KB 리브온

검색결과가 나오면, 아파트 정보 하단부로 화면을 내려, 지역 내 비교 화면이 나오도록 하고, 빨간 박스로 표시된, 'Top10 단지 보기'를 클릭한다. 검색결과 맨 위에 나오는 아파트가 해당 구에서, 그리고 해동 동에서 대장아파트다.

그 다음 순위부터 순차적으로 대장아파트와 어느 정도 격차를 두고 시세 흐름을 함께하는 후순위 아파트들을 확인할 수 있다. 다음 그래프를 보면 강동구에서는 고덕그라시움이, 암사동에서는 프라이어팰리스가 각각 대장아파트임을 알 수 있다. 필자는 '강동 선사현대'를 검색했는데 일단 강동구 전체 검색결과에서는 강동 선사현대가 순위권 내에는 보이지 않는다. 그리고 강동구 평균 아파트 가격은 2021년 9월 기준으로 평당 3,317만 원인 것을 확인할 수 있다.

이제 검색 단위를 강동구 전체에서 강동 선사현대가 속한 암사동으로 좁혀보자. 필자가 검색한 강동 선사현대는 3위에 랭크되어 있음을 확인할 수 있다. 그리고 암사동 평균 아파트 가격은 2021년 9월 기준으로 평당 3,570만 원으로 더 높은 것을 봐서는, 비록 강동구의 대장아파트는 다른 동에 있지만, 암사동에는 강동구의 평균 이상 가격대를 형성하는 아파트가 대거 포함되어 있고, 강동구 내에서도 인지도가 높고, 수요가 많은 아파트가 많음을 검색결과를 통해 짐작할 수 있다.

	강동구	암사동

강동구 평당 매매 평균 **3,317만원**

Top 10 단지　　　　　　　　　　　　　단위:만원

고덕그라시움	5,887
고덕아르테온	5,483
삼익그린맨션(2차)	5,445
래미안솔베뉴	5,422
래미안힐스테이트고덕	5,400
고덕센트럴아이파크	5,296
고덕롯데캐슬베네루체	5,077
고덕아이파크	4,955
래미안강동팰리스	4,941
프라이어팰리스	4,939

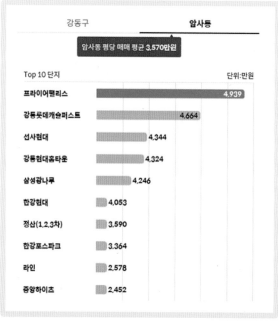

	강동구	암사동

암사동 평당 매매 평균 **3,570만원**

Top 10 단지　　　　　　　　　　　　　단위:만원

프라이어팰리스	4,939
강동롯데캐슬퍼스트	4,664
선사현대	4,344
강동현대홈타운	4,324
삼성광나루	4,246
한강현대	4,053
정산(1,2,3차)	3,590
한강포스파크	3,364
라인	2,578
중앙하이츠	2,452

출처 : KB 리브온

대장아파트를 활용한 내 집 찾기

내가 찾는 아파트를 검색했을 때, 해당 구에서 10위권 내에 들어오면 더욱 좋고, 적어도 해당 동에서 10위권 내에 들어와야 한다. 그리고 설령 10위권 내에 들어온다고 하더라도, 바로 앞 순위 아파트보다 급격하게 가격격차가 떨어지지 않아야 한다. 이 2가지를 충족했다면, 내가 찾는 아파트의 최근 몇 년간 가격흐름이 대장아파트의 가격흐름과 비슷한지 확인한다. 대장아파트와 일정한 가격격차를 두고 그래프 모양이 거의 동일한 모양으로 변하고 있다면, 대장아파트와 가격흐름을 함께하는 좋은 아파트니 매수 후보로 생각하고 접근해도 좋다.

인터넷으로 대장아파트를 찾는 것이 어렵다면?

물론 경우에 따라 인터넷 활용이 힘든 사람도 있을 것이다. 그럴 때는 내가 관심 있게 본 아파트의 인근 중개사무소 중에서 최소한 3군데 이상 방문하고, 그 동네에서 대장아파트가 어느 아파트인지 직접 중개사에게 물어보는 것이 좋다. 아마도 3곳 모두 같은 아파트를 지목하거나, 주로 지목당하는 아파트가 있을 것이고, 그 아파트가 그 지역 대장아파트일 확률이 높다. 공인중개사들이 공통적으로 언급한 아파트를 기준으로, 앞에서 설명한 방법을 그대로 적용해보면 의미 있는 결과를 얻을 수 있을 것이다.

27

구축아파트와 신축아파트가 가격이 같다면
어떤 것을 선택하는 것이 좋을까요?

사람마다 뚜렷한 선호도의 차이

지금 자신이 조달 가능한 자금이 5억 원이라고 가정해보자. 5억 원으로 20년차 구축아파트 A와 1년차 신축아파트 B를 살 수 있다면, 당신은 어느 아파트를 선택할 것 같은가? 질문만 듣고는 이걸 질문이라고 하느냐는 사람도 있을 것이다. 같은 자금이면 당연히 외관도 화려하고, 인프라도 우수한 신축아파트를 선택해야 하는 것 아닌가 하는 생각을 할지 모른다. 그런데 과연 맞는 판단일까? 이 질문을 불특정 다수에게 하면, 부동산에 대한 경험과 성별에 따라 극명한 차이를 보인다. 먼저 부동산에 대한 지식과 경험이 어느 정도 있는 사람은 거의 대부분 A아파트를 선택한다. 그리고 부동산에 대한 지식이 없는 사람 중에서 남성은 대부분 구체적인 선호도가 없는 경우가 많지만, 여성은 B아파트를 선택하는 경향이 짙다. 특히 성별 간 차이는 나이가 젊을수록, 결혼을 앞두고 있거나, 신혼부부일수록 더욱 뚜렷한 경향을 보인다.

물론 예외도 있지만, 필자가 오랜 기간 상담을 받으면서 대략적인 통계를 내보니 이와 같은 경향을 알 수 있었다. 이렇게 뚜렷한 선택의 차이를 보이는 이유는 무엇일까? 아마도 부동산을 조금이라도 아는 사람은 '입지'라는 것을 고려했을 것이다. 부동산에 대한 지식이 없는 상태라면, 여성이 남성보다는 넓고 쾌적하며, 잘 정비된 생활환경을 더욱 중시하는 것이다. 남성은 당장 큰 불편함만 없으면, 이래도 좋고 저래도 상관없다는 생각을 갖지만, 여성은 신혼생활은 물론, 향후 아이를 낳고 기르는 과정에서 접하게 될 여러 가지 문제들까지 종합적으로 고려하는 성향 때문인 것으로 추측한다.

가격이 같다면, 구축아파트를 선택해야 하는 이유

물건의 가치에 비유해보자. 동일한 기능을 가진 제품이 있는데, 대기업 제품은 2~3년 사용한 중고가 10만 원에 거래되고 있다. 중소기업 제품은 포장도 뜯지 않은 새 제품을 10만 원에 살 수 있다. 아마도 대기업 제품이 새 제품이라면 이것보다 더 비쌀 것이다. 같은 기능을 가진 물건이라도 대기업 제품이 중소기업 제품보다 비싼 이유는 제품의 기능을 잘 수행하고, 안정적으로 유지할 수 있도록 더욱 세밀한 공법이 들어갔을 것이며, 고장이 나더라도 신속한 A/S 시스템이 잘 갖춰진 덕분이다. 그리고 오랜 기간 그 명성을 유지해온 것에 대한 무형의 가치도 있을 것이다.

집도 마찬가지다. 20년 동안 여러 명의 주인이 사용했던 아파트가, 이제 막 준공된 새 아파트와 가격이 비슷하다면, 20년 차인 A아파트 주변이 훨씬 많은 것이 갖춰져 있을 확률이 높다. B아파트 주변보다 풍부한 편의시설, 좋은 학군 및 학원가, 질적으로나 양적으로 풍부한 일자리, 그리고 결정적으로 서울 업무중심지까지 편리하게 도달할 수 있는 편리한 교통체계까지 모든 면에서 뛰어날 것이다.

어디서 어떤 집을 살지 판단하기 힘들다면 이렇게 하자

집을 어디에 사는 것이 좋을지에 대한 고민은 신혼부부나 곧 결혼할 자녀를 둔 부모, 그리고 아이를 키우는 젊은 부부가 주로 한다. 아마도 한참 이것저것 고려해야 할 것이 많은 시기이기 때문일 것이다. 이것은 괜찮은데 저것이 아쉽다거나, 다른 건 다 좋은데 결정적인 하나가 부족하거나, 모든 것이 마음에 드는데, 이제는 돈이 부족하다. 결국 이들 중 선택을 해야 한다면, 다음 예시처럼 해보자. 좋은 판단 근거가 될 수 있을 것이다.

A아파트 남양주시 준신축 24평형
B아파트 남양주시 구축 24평형
C아파트 남양주시 준신축 32평형
D아파트 서울특별시 도봉구 구축 24평형
E아파트 서울특별시 서대문구 구축 24평형

모든 아파트의 가격은 동일하다.

먼저 자신이 조달할 수 있는 최대 금액을 정하고, 그 금액대로 살 수 있는 아파트를 오직 가격에만 초점을 맞추고 무작위로 선정한다. 필자는 예시에 있는 다섯 아파트를 선정했다고 가정한다. 여러 아파트 간 우열을 비교할 때는 가격과 연식을 기준으로 삼으면 어느 정도

쉽게 윤곽을 잡을 수 있다. 같은 입지라면 구축보다 신축이 비쌀 것이고, 같은 구축이라면, 상급지에 속한 아파트가 당연히 비싸야 하기 때문이다.

지금 제시한 예시에서 지역 간 객관적인 우열을 따져보면, 서대문구 〉 도봉구〉 남양주시 순서로 정리할 수 있다. 물론 최종 결정을 위해서는 세부적으로 더 따져봐야 할 것들이 많지만, 큰 틀에서 아웃라인을 잡는 개념으로 보면 이렇다.

이제 세부적으로 비교해보자. 먼저 남양주시에 속한 세 아파트를 비교하면, 아파트가 각각 연식도 다양하고, 면적도 다른데 가격이 같다. 그렇다면 구축일수록, 면적이 좁을수록 더 좋은 입지를 가진 아파트라 짐작할 수 있는데, 이 세 아파트 중에서는 B아파트가 가장 입지적 우위에 있음을 짐작할 수 있다.

그다음은 같은 준신축이지만 면적이 작은 A아파트, 그리고 C아파트가 남양주시 내에서는 물론, 예시에 있는 다섯 아파트 중에서도 가장 입지가 열악하다고 짐작할 수 있다. 따라서 A와 C아파트는 선택지에서 탈락시킨다. 다음으로 남양주시 B아파트와 서대문구, 도봉구 D아파트를 비교하면 모두 구축이고, 면적도 같은데 가격이 비슷하다. 정상적인 입지라면 도봉구 D아파트가 당연히 남양주시 아파트보다 비싸야 정상이다. 하지만 그렇지 못한 것을 봐서는 D아파트는 도봉구 내에서도 입지가 열악한 지역에 있는 아파트라 짐작할 수 있고, 주변 환경은 딱히 남양주시 B아파트보다 나을 것이 없어 보인다.

이제 최종판단을 위해 서대문구 E아파트와 비교를 해보자. 서울특별시 서대문구가 남양주시보다 상급지임에도 불구하고, 비슷한 연식에 비슷한 면적을 가진 남양주시 B아파트와 가격이 같다. 즉 E아파트 역시 서대문구 내에서 입지가 매우 열악한 지역에 있는 아파트라 짐작할 수 있다.

따라서 이 예시대로라면 남양주시 내에서는 물론이고, 다른 서울 아파트에 비교해도 B아파트가 가장 선호도가 높은 지역에 있다고 대략적으로 판단해볼 수 있는 것이다. 이 방법은 직접 현장에 가기 전에 인터넷으로 아파트의 객관적인 스펙만으로 후보를 추려내는 용도로 활용하면 아주 유용하다.

사람은 각자가 선호하는 것이 다르기에 각 아파트의 주변 환경은 어떤지, 평판은 어떤지, 분위기는 어떤지 종합적으로 살펴보면 최종 판단은 얼마든지 달라질 수 있다. 내 집을 어디에 기준을 두고 사야 할지 막막한 사람들에게 알려주는 필자만의 방법이니, 잘 숙지해두었다가 실전에 적용해보면, 아마도 상당한 고민을 덜 수 있을 것이다.

28

오피스텔은 100채를 소유해도
아파트에 청약할 때는 무주택으로 본다던데,
사실인가요?

오피스텔은 주택인가, 아닌가?

오피스텔은 투자자는 물론이고, 내가 직접 거주할 집을 마련하는 데도 많은 혼란을 주는 건축물이다. 이유는 같은 오피스텔임에도 상황에 따라 주택이 되기도 하며, 또 어떤 경우는 주택이 아닌 것으로 보기 때문이다. 누구는 오피스텔은 아예 주택으로 보지 않는다고 하고, 또 누구는 주거용으로 등록된 오피스텔만 주택으로 본다고 한다.

누구 말이 맞는 것일까? 명확한 답을 찾기 힘들 정도로 복잡한 내용이라, 그동안 여기저기 묻거나 찾아보아도 명확한 답을 얻기 힘들었을 것이다. 내 집 마련을 앞둔 사람은 사실상 오피스텔과 관련된 규정을 제대로 알고 있어야, 여러 경우의 수에 대해 유연하게 대처할 수 있는 만큼, 이번 기회에 확실히 정리해보자.

아파트에 청약하는 경우라면 무주택

엄연히 주거용 오피스텔을 보유하고 있지만, 무주택으로 보는 것은 어떤 경우일까? 만약 주거용으로 등록했다고 하더라도, 아파트에 청약하는 경우라면, 그 오피스텔은 없는 것으로 보고, 무주택자 상태와 동일하게 아파트 청약에 참여할 수 있다. 다만 이때는 조금 꼼꼼한 확인 절차가 필요하다. 보통 건물 외벽에 '~오피스텔'이라고 이름이 붙어 있으면, 그냥 오피스텔로 생각하기 쉬운데, 이는 매우 위험한 판단이다. 이때는 반드시 건축물대장을 확인하자. 건축물대장의 주용도 란을 보면, 이 건축물의 실제 용도를 알 수 있는데, 분명히 '오피스텔'이라고 나와 있다면, 주택 외 건축물로 인정되어 무주택으로 간주된다.

여기까지 확인이 되었다면, 해당 건축물은 오피스텔이라 확신해도 좋다. 그러나 간혹 오피스텔이라 철석같이 믿고 있었지만, 간혹 다른 용도로 기재된 것도 심심찮게 확인할 수 있다.

만약 '도시형생활주택'이나 다른 형태의 주택으로 등재되어 있다면, 표면적인 이름은 오피스텔이라도 주택으로 인정되어 청약자격이 제한될 수 있다. 단 도시형생활주택이라고 할지라도 '주택공급에관한규칙 제53조 제5호'에 따라, 전용면적이 20㎡ 이하인 경우에는 도시형생활주택 등재 여부와 상관없이 역시 무주택자 상태로 청약이 가능하다. 이 경우는 오피스텔로 인정되어 청약자격이 주어진다기보다는, 소형주택으로 인정받는 경우다. 그러므로 전용면적 20㎡ 이하라고 하더라도, 2채 이상을 소유하고 있다면, 다주택자가 되니, 청약자격에 제한이 될 수 있으므로 미리 확인하고 대처해야 한다.

청약주택

종류	설명	관계 법규
민간임대주택	'민간임대주택에관한특별법' 제2조 제4호, 제5호에 따라 등록된 임대사업자가 임대목적으로 공급하는 주택	'민간임대주택에관한특별법' 제2조 제1호
공공지원 민간임대주택	임대사업자가 8년 이상 임대할 목적으로 취득해서 임대하는 민간임대주택으로 '민간임대주택에관한특별법'에 따른 임대료 및 임차인의 자격제한 등이 적용되는 주택	'민간임대주택에관한특별법' 제2조 제4호 각 목
오피스텔	업무를 주로 하며, 분양하거나 임대하는 구획 중 일부 구획에서 숙식할 수 있도록 한 건축물 -아파트 청약 시 오피스텔 소유는 주택 소유로 보지 않는다(주거용/업무용 오피스텔 포함).	'건축법' 시행령 별표1 14호 나목
도시형 생활주택	300세대 미만의 국민주택 규모에 해당하는 주택으로 대통령령으로 정하는 주택, 원룸형 주택, 단지형 연립주택, 단지형 다세대 주택으로 구분	'주택법' 제2조 제20호 '주택법' 시행령 제10조

출처 : 청약홈

주택임대사업자로 등록한 오피스텔은 어떻게 될까?

아파트 가격이 급등하면서, 대체 투자처로 오피스텔을 선택하는 빈도가 늘고 있다. 필자에게 상담을 받았던 한 유튜브 구독자는 현재 아파트에 전세로 살고 있으며, 오피스텔 3채를 월세로 주며 임대사업자로 등록한 상태였다. 이 구독자의 질문의 요지는 오피스텔은 아파트 청약에 지장을 주지 않는다는 것까지는 알겠는데, 과연 3채나 소유하고 있고, 모두 주거용으로 등록했으며, 주택임대사업자까지 낸 상황이라도 여전히 아파트 청약에 지장이 없느냐는 것이었다.

과연 임대사업자 등록을 한 오피스텔은 주택으로 인정이 될까? 이 역시도 아파트에 청약하는 경우라면 역시 주택을 소유하지 않은 것으로 본다. 법적 근거는 '건축법 시행령 별표1 14호 나목'에서 찾을 수 있다.

건축법 시행령에 따르면, 건축물대장상에 오피스텔이라고 등재되어 있다면, 주거용이든, 업무용이든, 1채든, 여러 채든, 전입신고가 되어 있든, 사업자등록을 했든, 안 했든, 모든 경우에 상관없이 오피스텔은 아파트 청약에 지장을 주지 않는다는 것이다.

이제부터 확실하게 정리하자. 건축물대장상에 당당하게 오피스텔이라고 등재된 건축물은 근본적으로 아파트 청약에 지장을 주지 않는다.

오피스텔이 주택으로 인정되는 경우

그렇다면 오피스텔이 주택으로 인정되는 경우는 언제일까? 비록 주택공급에 관한 규칙상 오피스텔은 무주택으로 인정되었지만, 세법상 관점에서는 주택이 있는 것으로 간주하고, 보유한 주택 수에 따라 과세한다. 먼저 이미 완성되어 매매 시장에서 거래되고 있는 오피스텔부터 보자. 큰 틀에서 본다면, 2020년 8월 12일 이전에 취득한 오피스텔은 주택 수에 포함되지 않지만, 그 이후에 취득한 오피스텔은 주택 수에 포함된다. 다만 시가표준액 1억 원 이하인 경우는 주택 수에 포함되지 않는다.

> **8. 주택수 산정에서 제외되는 1억원 이하 주택에 입주권, 분양권, 오피스텔이 포함되는지?**
>
> ○ 입주권, 분양권은 가격과 무관하게 주택 수에 산정하고,
>
> - 오피스텔의 경우 시가표준액* 1억원 이하인 경우 주택 수 산정에서 제외함
>
> * 오피스텔의 건축물 시가표준액과 부속토지의 시가표준액(공시지가)의 합

출처 : 국세청

그럼 시가표준액은 어디서 확인할 수 있을까? 포털사이트 검색창에 시가표준액 확인이라고 검색을 한다. 그다음, 통합검색 맨 위에 지방세정보, 시가표준액 조회, 건축물 시가표준액 조회, 위택스라는 링크를 클릭하고 들어간다.

다음 이미지를 보면 빨간색 박스로 표시된 부분에 상세정보를 정확하게 입력하고 검색을 누르면 오피스텔 시가표준액을 확인할 수 있다. 다만 여기서는 상가나 오피스텔의 시가표준액만 조회가 가능하

고, 단독주택이나 아파트, 빌라 같은 공동주택은 조회가 안 된다는 점을 기억해두어야 한다.

출처 : 위택스

그런데 오피스텔을 분양권 상태로 보유하는 경우가 있을 수도 있다. 오피스텔이 분양권 상태라면 주택 수에 포함이 될까? 이 경우는 주택 수에 포함되지 않는다. 오피스텔은 아파트나 빌라와는 달리 주택과 사무실로 선택해서 사용이 가능하다. 그중 하나의 용도로만 사용해야 한다. 즉 분양권 상태에서는 앞으로 이 오피스텔이 주거용으로 쓰일지, 아니면 사무실로 쓰일지 아직은 알 수 없으며, 오피스텔이 완공되어 실제 용도가 주거용으로 확정되기 전까지는 주택 수에 포함되지 않는 것이다.

그럼 오피스텔이 주거용으로 쓰인다는 것은 어떻게 알 수 있을까? 바로 전입신고 여부로 판단한다. 그런데 세금을 회피할 목적으로 임대료를 깎아주는 대신에 세입자가 전입신고를 하지 못하게 하는 오피스텔이 지금도 있다. 투명한 세금 납부와 세입자의 기본적인 권리 보호를 위해서라도 전입신고를 못하게 하는 오피스텔은 임차하지 않는 것이 좋다.

---

12. 오피스텔 분양권도 주택 수에 포함되는지?

○ 오피스텔 취득 후 실제 사용하기 전까지는 해당 오피스텔이 주거용인지 상업용인지 확정되지 않으므로 오피스텔 분양권은 주택 수에 포함되지 않음

출처 : 국세청

(29)

집을 살 때 부모님이 도와주신 돈,
과연 증여세에서 자유로울까요?

자녀에게 준 돈은 국세청에서 모른다?

하루가 다르게 집값이 폭등하는 시기는 물론, 과거에도 이제 갓 사회생활을 시작한 신혼부부가 자력으로 서울 및 수도권 주요지역에 집을 산다는 것은 사실상 불가능하다. 그렇기 때문에 이제는 집을 사는 데 필요한 자금의 상당 부분을 부모로부터 지원을 받는 경우가 낯설지 않은 풍경이 되었다. 그런데 간혹 부모로부터 받은 돈은 누군가가 고의로 신고하지 않는 이상, '국세청에서는 알 수가 없다', '단 한 번도 국세청에서 전화 온 적이 없다'라면서 편하게 말하는 사람들을 자주 볼 수 있다.

과연 이들의 말처럼 안전한 것일까? 엄밀히 말하면, 반은 맞고 반은 틀린 말이다. 국세청에서는 조세포탈 등 혐의점이 확실한 경우만 납세자의 계좌를 확인할 수 있고, 그 외에는 개인정보 보호 등의 이유로 납세자의 계좌를 비록 공적 주체라 할지라도 내 통장 보듯 마음대로 볼 수는 없다. 그리고 국세청 입장에서는 추징세액이 억 단위 이상의 큰 액수라면 모를까, 가용인원에도 한계가 있기 때문에, 모든 개인을 조사할 수는 없는 노릇이다. 일단 여기까지만 보면, 국세청에서 개인의 증여세 탈세 여부를 확인할 길이 없다는 것은 맞는 말이다.

증여 사실이 밝혀지는 경우

그러나 문제는 증여를 받은 후, 10년 이내에 부모가 돌아가셨을 때 발생한다. 당시에는 전혀 증여세가 추징되지 않을 것이라 확신하고, 자녀의 결혼 시점에 집 마련 자금을 주는 등 신고하지 않은 거액의 증여를 한 것이 상속세 조사 때 전부 확인되는 것이다. 국세청은 상속세 조사 시점에서 상속을 해주는 사람 기준으로 배우자 및 자녀의 10년 동안 계좌내역과 나아가 손자, 사위 및 며느리 등에게 이체한 5년간의 계좌내역을 조사해 소명을 요청하게 된다. 만약 자녀에게 거액의 결혼자금을 증여해준 시점이, 조사 받는 날짜를 기준으로 이미 10년이 지난 상태라면, 조사 대상에서 벗어나 증여세 및 상속세를 추징당하지 않지만, 10년이 지나지 않은 상태라면, 꼼짝없이 조사대상이 된다. 쉽게 말해, 9년 11개월 전에 증여했던 돈이 조사과정에서 발견되면, 거액의 세금을 추징당할 수 있다는 것이다. 예를 들어 9년 11개월 전에 3억 원을 자녀에게 주었고, 이 사실이 지금 시점에 밝혀진다고 가정했을 때, 정상적으로 증여세를 납부했다면, 많아야 5천만 원 선이면 해결이 되었지만, 9년 11개월이 지난 시점에는 원래 증여세에 신고불성실가산세와 납부지연가산세까지 더해져, 무려 1억 7천만 원 가까운 세금 폭탄을 맞게 된다. 너무나도 끔찍한 결과가 아닐 수 없다. 물론 증여한 액수가 늘어나면 세금도 더욱 가산되어 부담은 가중된다. 이처럼 사전 증여로 당시 시점의 증여세 및 당시 신고하지 않은 것에 대한 신고불성실 및 납부지연가산세를 상속세에 추가함으로

써, 높은 상속세율에 따른 추징까지 더해져 엄청난 세액이 증가하는 것이다. 이론상 상속을 해주는 사람의 건강상태 및 자금 여력 등을 꼼꼼히 살펴 적절하게 계획하는 것이 좋지만, 증여를 해준 부모님이 돌아가실 시점을 어떻게 예상하고 대비하겠는가?

차용증을 쓴다고 해결이 될까?

우리나라 세목에 '증여세'는 있지만, '대여세'라는 것은 없다. 즉 그냥 받은 돈은 세금이 발생해도, 빌린 돈에 대해서는 세금이 발생하지 않는다는 뜻이다. 그래서 자녀에게 집 마련 자금으로 주었던 돈이 증여로 간주되지 않기 위해, 가족 간에도 차용증을 쓰고, 빌려준 돈으로 만드는 방법을 자주 이용한다. 그러나 이 역시도 맹점이 있다. 그도 그럴 것이, 개인 간 거래도 아니고 국가가 추징하는 세금을 달랑 종이 한 장 썼다고 면제시켜주면 너무나도 허술하지 않은가? 따라서 증여가 아닌 대여로 인정받으려면, 차용증을 쓰는 것은 물론, 약속된 대여 조건을 꾸준히 이행했는지도 증명할 수 있어야 한다. 조건이행을 증명하는 가장 좋은 방법은 약속된 이자를 이체할 때, 통장 적요란에 증명할 수 있는 적절한 표현을 함께 남기는 것이다. 예를 들어 돈만 이체할 것이 아니라, 반드시 '아버지 3억 원 이자', 또는 '아버지 이자 1차' 등 실질에 맞는 적요를 습관처럼 남기는 것이 좋다. 물론 허위가 아니라, 실제 약속된 원금과 이자를 송금했더라도, 이를 적요로 남기지 않는다면, 계좌를 살펴본 조사관 입장에서는 딱히 증거를 찾아볼 수 없으니, 증여로 추정할 수밖에 없는 것이다. 작은 습관 하나가 막대한 세금을 아낄 수 있다는 점을 잊지 말아야 할 것이다.

30

뉴스나 지역 카페에 부동산 정보가 넘쳐나요.
다 믿어도 되나요?

부동산 사기가 끊이지 않는 이유

본격적인 설명을 하기 전에 독자 여러분께 질문을 하나 하고자 한다. 요즘은 언론이나 인터넷을 통해서 기획 부동산 회사에 당한 사례나 기타 부동산 사기 수법에 대해서 자주 접할 수 있다. 많은 매체를 통해서 경각심을 유발하고 있지만, 왜 지금도 여전히 유사한 사기수법에 당하는 사람이 끊이지 않는 것일까? 그 이유를 딱 하나라고 단정 지을 수는 없지만, 가장 주된 이유는 부동산에 대한 경험이 전혀 없는 사람은 그들이 만들어낸 그럴싸한 거짓정보를 진짜인지, 가짜인지 구분하는 요령이 없기 때문이다. 철저하게 훈련받은 사람의 설명을 듣다 보면, 나도 모르는 사이에 진짜 대박이 날 것 같은 기분이 든다는 것이다. 그렇다면 이들의 설명 진위 여부를 어떻게 판단할 수 있을까?

돈이 되는 정보 vs 돈을 잃는 정보

다음 두 기사의 타이틀을 자세히 보자. A기사 타이틀과 내용을 보면, GTX-C노선 개발이 한창인데, 노선 가운데 의왕역을 추가로 설치해줄 것을 지자체가 국토교통부에 요구한다는 내용이다. 그리고 의왕역을 추가해줄 것을 요구하는 근거로 충분한 기술력을 확보할 수 있고, 노선 운영의 경제성도 충분하다는 것이다. 이번에는 B기사를 보자. 타이틀과 내용을 보면, 역시 왕숙1지구 아래로 GTX-B노선 신설역이 추가될 가능성이 있다는 내용이고, 왕숙1지구에 신설역이 들어오면, 신도시에서 서울 접근성도 좋아지고 무엇보다 노선의 사업성도 높일 수 있다는 내용이다.

A기사
[단독] GTX-C노선 의왕역 정차 현실화, 기술, 경제 타당성 충분
B기사
[단독] 왕숙지구에 GTX-B노선 신설, 남양주~서울역 15분 시대

얼핏 보면 두 기사 내용이 비슷한 것처럼 보인다. 그런데 겉으로 보면 두 기사가 추가 신설역이 생길 가능성이 있다는 내용으로 서로 비슷한 내용을 다루고 있는 것처럼 보이지만, 파급효과는 정반대다. 왜 그럴까? 먼저 A기사부터 보자. 원활한 이해를 돕기 위해 GTX-C노선이 어떤 노선인지 간단한 설명이 필요할 것 같다. GTX-C노선은 경기도 양주시 덕정역에서 경기도 수원시 수원역까지 총 10개 정차역을 두고 짧은 시간에 긴 거리를 이동하는 고속전철이다. 기존 교통망을 이용했을 때 최소한 1시간 이상, 길게는 2시간 가까이 걸리던 거리를, 불과 20분 내외로 도달할 수 있다는 데서 매우 큰 가치가 있고, 서울 접근이 힘들었던 경기도 외곽지역의 서울 접근성을 높이니 상대

적으로 소외되었던 경기도 외곽지역이 집중 수혜를 보는 노선이라고 할 수 있다.

정보의 본질을 정확하게 파악하자

그렇다면 여기서 한 가지가 확실해진다. 바로 GTX의 본질이다. GTX는 이름에서도 알 수 있듯이 그동안 출퇴근 시간에 서울 중심지로 접근하는 데 많은 시간이 필요했거나 출퇴근이 불가능했던 지역을 짧은 시간 안에 빠르게 접근하도록 하는 것이 본질이다. 그런데 중간에 정차역을 계속 추가한다면 어떻게 될까? 직행 고속열차가 완행열차가 되지 않을까?

물론 실제 공사를 담당하는 민간사업자끼리 논의해 한두 개의 추가 정차역을 신설할 수 있지만, 개발계획의 본질을 흐리는 요구는 국토교통부는 거의 승인해주지 않는다. 실제로 국토교통부는 각 지자체의 추가 신설요구를 모두 기각하고, 일단 원안대로 10개역만 건설하는 것으로 발표했다. 물론 이 기사 내용이 주장하는 대로 나름의 사업성도 있을 것이다. 그런데 나름의 근거도 확실한 기사 내용이지만, 이런 기사를 그대로 믿고 선진입했다가는 자칫 잘못하면 계획 전체가 완전히 백지화되어 가격은 오르지 않거나 하락할 수도 있다. 팔고 싶어도 원하는 시기와 원하는 가격에 팔 수 없는 상황을 맞게 되는 것이다.

이번에는 하단의 기사를 보자. 역시 설명에 앞서 GTX-B노선에 대해서 간단히 살펴보면, 경기도 남양주시 마석역에서 인천시 송도국제도시 인천대입구역까지 총 13개 정차역을 두고 짧은 시간에 긴 거리를 이동하는 고속전철이다. 다른 GTX노선이 수도권을 남북으로 이동하는 반면에 GTX-B노선은 동서로 이동하는 노선이라 수도권 균형 발전 차원에서도 의미가 큰 노선이라고 볼 수 있다. 그렇다면 왕숙1지구에 정차역을 신설하는 경우는 어떨까? GTX-B노선 계획 초안에는 인천 송도에서 서울 청량리까지만 연결하는 것으로 계획했다. 그런데 B/C값이 사업을 전혀 고려하지 못할 정도로 낮게 나왔고, 후에 사업성을 높이기 위해서 남양주 지역의 별내, 평내호평, 마석 구간을 추가했다. 하지만 이 수정안 역시도 B/C값이 1을 넘지 못해 여전히 사업이 불투명한 상태였다. 실제로 이 과정을 반복한 것 때문에 GTX-B노선이 예비타당성조사를 받은 기간만 10년이 넘게 걸렸다. 그런데 거기에 왕숙1지구를 추가하면서 사업 자체가 불투명했던 GTX-B노선이 드디어 사업성을 확보했다. 한마디로 중간에 왕숙1지구 정차역을 하나 만들면서 다 죽어가던 GTX-B노선을 심폐소생술로 살린 효과를 낸 것이다.

당시 이 기사가 나왔을 때만 하더라도 왕숙1지구에 정차역이 신설될 계획이라는 것 정도만 보도하는 내용이었다. 결국 이 계획은 실제로 승인이 되어 노선의 가치를 높이는 것은 물론, 인근 부동산 가격을 높이는 데도 큰 영향을 주었다. 즉 돈이 되는 정보와 그렇지 않은 정보는 겉모습은 거의 유사하다. 그런데 사업 자체를 지연시키거나, 본질에 부합하지 않는 정보는 실현 가능성이 극히 낮다. 투자자에게도 큰 리스크가 될 확률이 높다. 반면에 오히려 사업의 문제점을 해결하거나, 본질에 부합하는 정보는 실현 가능성이 높고, 투자자에게 유용한 정보가 된다.

사전 검증이 필요한 정보 유형

이제부터는 정보 내용을 그대로 믿기 전에 반드시 사전 점검을 통해 충분히 검증하고, 검증이 되었다면 참고해도 좋은 정보 유형을 소개하고자 한다.

다음 기사를 보자. 인터넷을 검색하다가 이런 유형의 기사를 자주 봤을 것이다. 이 기사는 어느 건설사에서 아파트 분양을 앞두고 주변 개발호재를 인용해 작성한 홍보용 기사다. 이런 유형의 기사는 분명히 광고성 기사가 맞지만, 사전 검증 결과에 따라서 돈이 되는 정보가 될 수도 있고, 반대로 돈을 잃는 정보가 될 수도 있다.

> GTX-B노선 직접 수혜지역,
> A건설사 B아파트 분양 소식을 주목하는 이유

정보의 진위 여부 판단 방법

지금부터 어떻게 정보의 진위 여부를 확인하는지 차근차근 설명하도록 하겠다. 먼저 부동산 관련 기사 하나를 봤으면 기사 전면에 내세운 개발계획이 현재 어디까지 와 있는지 확인한다. 아마도 큰 관심을 받는 개발소식이라면 발표와 동시에 각 언론사 기자들이 앞다퉈서 기사를 쓸 것이다. 가장 최근 소식은 포털사이트 뉴스 탭에서 확인할 수 있다.

예를 들어 앞에서 본 기사 내용을 검증한다면, GTX-B노선이라고 포털사이트 검색창에서 검색한다. 그리고 뉴스 탭을 클릭해서 최신순으로 정렬한다. 가장 최근 뉴스 몇 개 내용을 읽어보고, 아파트 광고기사에 내세운 개발소식이 단지 소문에 불과한지, 아니면 진짜 개발계획이 확정된 것인지, 확정되었다면 현재 어느 단계에 와 있는지를 확인한다.

만약에 소문에 불과하다면 과장광고에 불과하니 그냥 넘긴다. 개발계획이 확정되었다면, 이제 이 아파트가 실제 개발계획의 수혜를 받을 수 있을지를 판단한다. 아무리 좋은 개발 호재가 있어도 정작 이 아파트가 수혜 범위를 벗어난다면 아무 의미가 없지 않을까?

수혜 범위 확인 여부는 이렇게 한다. 먼저 포털사이트에서 카카오맵을 검색한다. 그리고 카카오맵 자체 검색창에 기사에 나왔던 아파트 이름이나 해당 주소를 넣고 검색한다. 개발 호재가 있는 위치, 철도개발 호재라면 신설역이 들어올 위치에서 해당 아파트까지의 거리를 측정해본다.

다음 이미지의 아파트는 경기도 한 지역에서 실제로 신규 공급하는 대단지아파트인데, 분양 광고에는 GTX-B노선과 경춘선 그리고 6호선까지 총 3개 노선의 개발 수혜를 받는다고, 마치 대박이 날 것처럼 홍보하고 있지만, 실제 아파트가 들어올 위치와 신설역까지의 이동거리가 어림잡아도 1.5㎞가 넘는 것을 알 수 있다. 보통 이동거리가 1㎞를 넘어가면, 역까지 가기 위해서는 별도의 교통편을 또 이용해야 하기 때문에 접근성이 확연히 떨어지고, 그만큼 개발의 수혜를 받지 못한다. 만약에 500~600m 이내로 들어온다면 다음 단계로 넘어간다.

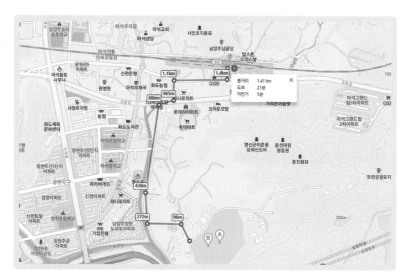

출처 : 카카오맵

그럼 지금까지 기사 내용대로 개발계획이 확실하다는 것을 확인했다. 해당 아파트도 개발의 수혜를 받는 위치에 있으니 이제부터는 주변 환경은 어떨지, 혹시 개선되거나 악화될 가능성은 없는지 알아봐야 한다. 포털사이트에 '토지이음'이라고 검색한다. 이번에는 해당 아파트 주소가 아니라, 아파트에서 역 사이에 있는 주변 서너 군데 주소를 검색한다. 주변 땅 주소는 카카오맵에서 마우스 오른쪽 버튼을 누르면 바로 확인할 수 있도록 서비스를 제공하고 있다.

소재지	인천광역시 연수구 송도동 ▓▓▓▓			
지목	대 ②		면적	32,130.3 ㎡
개별공시지가(㎡당)	2,665,000원 (2021/01) 연도별보기			
지역지구등 지정여부	「국토의 계획 및 이용에 관한 법률」에 따른 지역·지구등	제3종일반주거지역 , 제1종지구단위계획구역(2011-11-02)(국제업무단지) , 대로3류(폭 25M~30M)(보조간선)(접합) , 중로1류(폭 20M~25M)(집산도로)(접합) , 중로2류(폭 15M~20M)(국지도로)(접합)		
	다른 법령 등에 따른 지역·지구등	경제자유구역<경제자유구역의 지정 및 운영에 관한 특별법>, 상대보호구역(2015-02-17)(인천포스코고등학교)<교육환경 보호에 관한 법률>, 상대보호구역(2020-03-23)<교육환경 보호에 관한 법률>, 상대보호구역(동부교육지원청(2012.1.31))<교육환경 보호에 관한 법률>, 상대보호구역(인천동부교육지원청 고시 제2010-345호에 의해 경계수정)<교육환경 보호에 관한 법률>, 절대보호구역<교육환경 보호에 관한 법률>, 절대보호구역(2015-02-17)(인천포스코고)<교육환경 보호에 관한 법률>, 성장관리권역<수도권정비계획법>		
「토지이용규제 기본법 시행령」 제9조 제4항 각 호에 해당되는 사항	중점경관관리구역(2017-12-11)			

범례

□ 경제자유구역
□ 중점경관관리구역

상대보호구역

출처 : 토지이음

　주소를 넣고 검색하면 지금 보이는 화면과 비슷한 화면이 나오는데 화면 중간쯤에 깨알 같이 쓰인 수많은 글씨가 보일 것이다. 물론 이 깨알 같은 글씨는 주변에 규제가 많으면 글씨도 많고, 적으면 비교적 간단하게 표시되니까 모든 땅이 이렇게 많은 규제를 받는다고 생각할 필요는 없다.

　검색된 주소의 수많은 규제 중에서 눈에 들어오는 몇 가지 용어가 무엇을 뜻하는지 찾아보자. 필자는 이 중에서 상대보호구역이라는 용어를 찾았다. 참고로 교육시설 출입문에서 50m 반경을 절대보호구역, 교육시설 경계에서 200m 반경을 상대보호구역이라고 하며, 이를 합쳐 교육환경보호구역이라고 한다.

　토지이음에서 상대보호구역이라는 규제를 적용받는 것은 이 지역이 인근 학교나 교육시설의 경계에서 200m 이내에 있다는 뜻이다.

해당 용어는 포털사이트에서 검색

포털사이트에 해당 용어를 검색해보면, 해당 용어가 어떤 의미이고 어떤 규제를 받는지 확인할 수 있다. 다음의 이미지 상단에 보면, 학생의 위생, 안전, 학습 환경을 해칠 우려가 있는 시설은 일체 들어오지 못한다고 강력하게 경고하고 있다. 그리고 소음, 환경오염, 악취를 유발하는 시설도 들어올 수 없다. 즉 해당 아파트 주변은 상대보호구역이라는 이름의 규제를 받는데 '상대보호구역으로 지정되어 있으면 학생들의 교육환경을 저해할 시설은 일절 들어오지 못하는구나', 다른 말로 표현하면 '주변 환경은 건전하고 조용하겠구나' 이렇게 생각할 수 있다.

● 교육환경보호구역 내 금지행위 시설의 종류

『교육환경법』제9조, 『교육환경법』 시행령 제22조

누구든지 학생의 보건·위생, 안전, 학습과 교육환경 보호를 위하여 교육환경보호구역에서는 다음 각 호의 어느 하나에 해당하는 행위 및 시설을 하여서는 아니 된다.
다만, 상대보호구역에서는 제14호부터 제29호까지에 규정된 행위 및 시설 중 교육감이나 교육감이 위임한 자가 지역위원회의 심의를 거쳐 학습과 교육환경에 나쁜 영향을 주지 아니한다고 인정하는 행위 및 시설은 제외한다.

※범례 (절대보호구역 및 상대보호구역 포함)
 - X (금지) : 해당 학교급의 교육환경보호구역은 금지행위 및 시설 적용대상
 - O (제외) : 해당 학교급의 교육환경보호구역은 금지행위 및 시설 적용대상에서 제외함

NO	금지시설업종별	유치원	초·중 등	대학(원)	관련 법령
1	대기오염물질 배출 시설	X	X	X	『대기환경보전법』제16조제1항에 따른 배출허용기준을 초과하여 대기오염물질을 배출하는 시설
2	수질오염물질 배출 시설과 폐수종말처리시설	X	X	X	『물환경보전법』제32조제1항에 따른 배출허용기준을 초과하여 수질오염물질을 배출하는 시설과 제48조에 따른 폐수종말처리시설
3	가축분뇨 배출시설, 처리시설 및 공공처리시설	X	X	X	『가축분뇨의 관리 및 이용에 관한 법률』제11조에 따른 배출시설, 제12조에 따른 처리시설 및 제24조에 따른 공공처리시설
4	분뇨처리시설	X	X	X	『하수도법』제2조제11호에 따른 분뇨처리시설
5	악취 배출 시설	X	X	X	『악취방지법』제7조에 따른 배출허용기준을 초과하여 악취를 배출하는 시설
6	소음·진동 배출 시설	X	X	X	『소음·진동관리법』제7조 및 제21조에 따른 배출허용기준을 초과하여 소음·진동을 배출하는 시설
7	폐기물처리시설	X	X	X	『폐기물관리법』제2조제8호에 따른 폐기물처리시설
8	가축 사체, 오염물건 및 수입금지 물건의 소각·매몰지	X	X	X	『가축전염병 예방법』제11조제1항·제20조제1항에 따른 가축 사체, 제23조제1항에 따른 오염물건 및 제33조제1항에 따른 수입금지 물건의 소각·매몰지

출처 : 교육환경정보시스템

나머지 용어들도 같은 방식으로 확인하면 주변 환경을 짐작할 수 있고, 인터넷상으로 확인한 내용을 메모해두었다가 실제 임장을 가서 내가 확인한 사항이 맞는지 눈으로 확인하면 기사로 보도된 이 아파트는 그냥 허위광고만 하는 미래 가치도 없는 아파트인지, 아니면 진짜 좋은 개발 호재가 있는 아파트의 신규 분양 정보인지 판단할 수 있다.

믿고 걸러야 할 대표적인 기사

이번에는 정말 기사 내용도 볼 필요도 없이 믿고 걸러도 될 기사 유형을 살펴보자. 다음 기사는 마땅한 일자리가 없는 신도시에 공급하는 오피스텔 분양 광고 기사다. 이런 기사도 앞에 설명한 아파트처럼 사전 검증을 통해 때로는 유용한 정보가 될 수 있는 것이 아니냐고 생각할 수 있다. 과연 오피스텔이나 상가 분양 광고 기사와 아파트 분양 광고 기사는 어떤 차이점이 있을까?

> 하남시청역 역세권 A오피스텔,
> 5호선 개발 호재 힘입은 최고 입지

사실 경기도는 일부 도시를 제외하고는 대부분 마땅한 일자리가 없고, 일자리가 있는 서울로 출퇴근하면서 기본적인 생활만 하도록 위성도시화되어 있다.

서울의 위성도시는 기본생활을 위해서 아파트를 찾는 수요는 꾸준하고 가치도 꾸준히 오르지만, 오피스텔이나 상가는 서울이나 양질의 일자리가 있는 도시 외에는 임차 수요도 적고, 분양도 잘 되지 않는다. 특히 상가는 평일 일과시간에 상가를 이용할 수요가 없기 때문에 높은 분양가에도 공실 위험은 굉장히 크다.

이런 종류의 기사는 대부분 당시 가장 주목받는 이슈, 예를 들면 저금리나 대출규제 강화 등을 전면에 내세우고 규제를 피해갈 수 있는 하나의 틈새시장이라는 논리로 기사 내용을 전개하는 것이 일반적이다. 경기도에서 일자리를 갖춘 몇몇 도시 외에 이런 기사가 뜬다면 열어보지도 말고 믿고 거르는 것이 좋다.

지금까지 설명을 요약해보자. 돈이 되는 정보는 사업의 문제점을 해결하거나, 사업 본질에 부합하는 정보다. 만약 사업 속도를 지연시킬 소지가 있거나, 본질에 부합하지 않는 정보는 실현 가능성이 낮으니까 호재로 보고 접근하는 것은 옳지 않다.

사전 검증이 필요한 정보는 정보 내용의 안전성과 수익성을 먼저 파악한다. 그리고 주변 입지를 종합적으로 고려해서 진위 여부를 최종확인한다. 좋은 일자리가 많지 않은 신도시나 택지지구에서 분양하는 오피스텔이나 상가 기사는 열어보지도 말고 그냥 거르자.

3장

내 집 마련 전에
반드시 알아두어야 할
세대분리

집을 사기 전에
왜 세대분리가 중요한가요?

집을 사거나 팔려면 세대분리 먼저

나에게 알맞은 집을 선택해, 좋은 조건으로 계약을 하고, 적절한 시기에 내 소유로 만드는 것이 가장 중요하다. 이 모든 과정이 순조롭게 돌아가기 위해서는 가장 먼저 세대분리를 완벽하게 해놓아야 한다.

세대분리란 일정 조건을 갖추고, 제3의 공간으로 기존에 함께 살던 세대원과 경제적으로 독립하는 것을 말한다. 그런데 집을 사거나 팔기 전에 왜 세대분리를 먼저 해야 하는 것일까? 그 이유는 세금과 청약 자격에서 세대분리 유무에 따라 엄청난 차이가 있기 때문이다.

가장 먼저 생각해볼 수 있는 것은 바로 취득세와 양도소득세다. 취득세와 양도소득세는 현행 세법상 주택 수에 따라 일정 세율을 중과한다. 문제는 주택 수를 따질 때, 인별로 따지는 것이 아니라, 세대별로 합산을 한다는 것이다.

예를 들어보자. 조정대상지역에서 만 55세 아버지가 주택 1채, 딸이 주택 1채씩 각각 보유하고 있다. 그런데 세대분리가 되어 있지 않으면, 2주택 중 하나를 팔 때, 2주택으로 간주되어 일반세율에 20% 세율을 중과한다. 그러나 팔기 전에 세대분리가 되어 있다면, 당장은 중과를 면하고 일반과세 대상이 된다. 2년 보유 및 거주 조건을 충족하면, 두 주택 모두 양도소득세 비과세 혜택까지 받을 수 있다. 세대분리를 했느냐의 차이뿐인데, 어림잡아도 양도차익에 따라 무려 수천만 원의 세금을 절세할 수 있는 것이다.

집을 살 때도 마찬가지다. 조정대상지역에서 만 55세 아버지가 이미 주택 1채를 보유하고 있다. 세대분리되지 않은 딸이 주택 1채를 더 매수하면, 역시 2주택 상태가 되어 8%의 취득세를 부과한다. 만약 딸이 주택 매수 전에 세대분리를 했다면, 무주택 상태에서 주택 1채를 매수하는 것이 된다. 주택가액에 따라 1~3%의 취득세만 납부하면 된다. 매매가 2억 5천만 원만 보더라도, 250만 원의 취득세만 내면 될 것을, 무려 2천만 원의 취득세를 내야 하는 셈이다.

청약자격에도 문제가 생긴다. 이 책을 집필 중인 2021년 9월 기준으로, 서울 및 경기도 대부분 지역 그리고 지방 대도시에서 청약 1순위 자격을 얻으려면, 무주택 또는 1주택 처분 조건으로 해당 지역 필수 거주기간과 세대주 자격을 충족해야 한다.

그런데 앞의 경우처럼 만 55세의 아버지와 딸이 같은 세대를 이루고 있다면, 아버지는 1주택 처분 조건으로 1순위 자격이 되지만, 딸은 1순위 자격으로 아파트에 청약할 수 없다. 만약 이 상황에서 세대분리가 되었다면, 각자 세대주가 되어 아버지는 물론, 딸도 1순위 청약이 가능해진다. 즉 그만큼 당첨 확률을 높일 수 있다는 뜻이다.

세대분리를 위한 기본 조건은?

그런데 세대분리는 하고 싶다고 해서 언제든지, 누구나 할 수 있는 것은 아니다. 반드시 일정 조건을 충족해야 하고, 그 시기가 적절했을 때, 독립된 세대로써 권리를 누릴 수 있다. 그렇다면 세대분리를 위해 기본적으로 갖추어야 할 조건은 무엇일까? 다음의 조건 중 한 가지 이상 충족하고, 제3의 공간으로 전입하면 된다.

첫 번째는 나이가 만 30세 이상이어야 한다. 결혼 유무, 소득과 상관없이 한국 나이로 31세의 생일이 지나는 시점부터, 기존 세대원과 독립된 공간으로 전입을 하면, 그 순간부터 독립된 세대로 인정받을 수 있다.

두 번째는 혼인신고를 하면 된다. 나이가 어리거나, 별도의 소득이 없어도, 혼인신고를 하고 법적으로 부부가 된 사람은 독립된 공간으로 전입함과 동시에 역시 분리된 세대로 인정받을 수 있다.

마지막 세 번째는 중위소득 40% 이상의 소득이 있다면 세대분리가 가능하다. 세대분리 시점 바로 직전년도 평균 월수입이 대략 90만 원 이상이면서, 세대분리 당월에도 수입이 있다면, 나이가 어리고, 혼인신고를 하지 않아도, 독립된 공간으로 전입함으로써, 역시 독립된 세대로 인정받을 수 있다.

세대분리 요건

만 30세가 된 경우	
법적으로 혼인신고를 한 경우	3개 중 1개 충족 후, 제3의 공간으로 전입
중위소득 40% 이상의 소득이 있는 경우	

반드시 제3의 공간으로 전입까지 해야 하나?

필자가 세대분리 관련 상담을 받을 때 가장 많이 받는 질문이, 다른 조건은 다 되는데, 따로 월세나 전세를 구하지 않고, 한집에서 세대분리를 할 수 없느냐는 것이다. 따로 집을 구하자니 비용 부담도 되고, 별도의 공간에서 생활하자니 불편함도 있기에 나오는 질문인데, 공간을 따로 분리하지 않고도 세대분리가 가능한 특수한 경우는 뒤에 이어서 구체적으로 설명하기로 하고, 여기서는 원칙에 대해 먼저 설명하겠다. 원칙은 제3의 공간으로 전입하지 못하면 세대분리를 인정하지 않는다. 이유는 분리된 세대로써 각종 혜택과 권리를 누리려면, 누구의 도움 없이 독립된 생활을 할 수 있다는 것을 객관적으로 증명할 수 있어야 하기 때문이다. 집을 사거나 팔 때 독립된 세대로써 세금 혜택을 받는 것도, 그동안 자신의 힘으로 집을 유지했거나, 앞으로 유지할 수 있다는 것을 인정받는 것이다. 1순위 청약 자격을 주는 것도, 실제 청약 당첨 이후에 입주까지 필요한 자금 조달과 권리를 유지할 수 있음을 인정받는 것으로 볼 수 있다. 즉 기본 조건 중 하나를 갖추고, 독립된 공간에서 생활하는 것은 이 모든 것을 감당할 수 있는 최소한의 조건인 것이다.

만약 최소한의 조건을 두지 않는다면, 경제적 능력이 없는 자녀 이름으로 주택을 취득하고, 매도하는 과정에서 각종 탈세 위험이 있고, 청약에 당첨되어도 중도금과 잔금을 감당하지 못해, 신규아파트가 대거 경매로 나오는 등 심각한 사회문제를 유발할 수 있기 때문이다. 제3의 공간으로 전입하지 않아도 세대분리가 되는 예외도 있지만, 일단 원칙은 세대분리가 불가능하다고 알아두어야 한다.

친척집에 세대주로 전입하면, 청약 1순위 자격이 주어질까요?

친척집으로 세대분리를 한다? 그럼 친척은?

필자가 지난 2년간 유튜브 구독자를 대상으로 700건이 넘는 세대분리 관련 상담을 하면서 느낀 것이 있다. 공통적인 고민은 세대를 분리해서 독립된 세대에게 주어지는 혜택은 받고 싶은데, 독립된 공간으로 전입을 하자니 별도의 임대료도 있어야 하고, 지금까지 함께 지낸 자녀를 독립시키면, 안전상 문제도 걱정이 되니, 따로 신경 쓰지 않고도 독립된 세대가 될 수 있는 대안을 알고 싶어 한다는 것이다.

친척집으로 자녀를 전입하게 해 세대를 분리하는 생각도 여기서 비롯된 것인데, 친척집이니 자녀의 안전을 걱정하지 않아도 되고, 별도의 임대료를 지출하지 않아도 되니 여러모로 좋은 생각이 아니냐는 것이다.

그런데 생각처럼 그렇게 간단한 문제일까? 내 자녀를 친척집으로 전입시켰을 때, 내 자녀가 얻게 될 혜택만큼, 친척의 상황이 이전과 비교해 조금이라도 달라질 것이 있는지를 생각해봐야 한다. 내가 이득을 얻자고, 친척의 기회와 혜택을 뺏을 수는 없는 노릇이기 때문이다.

친척이 거주 중인 집으로 전입하는 경우

결론부터 말하면, 친척이 직접 사는 집으로 자녀를 전입시키는 것은 세대분리를 하기 전과 전혀 달라지는 것이 없고, 오히려 친척 입장을 난처하게 만들 가능성이 있다. 자녀를 세대분리하는 궁극적인 목적은 함께 사는 부모 소유의 집이 자녀가 주택을 새로 취득하거나 양도할 때, 서로 영향을 미치지 않도록 하기 위함이다.

자녀가 친척이 직접 거주하는 집으로 전입을 하면, 친척과 다시 같은 세대가 되기 때문에 여전히 친척 소유의 집이 자녀의 1순위 청약자격과 주택 취득 및 양도의 세금 중과에 영향을 주는 상황이 된다. 그나마 자녀 입장에서 보면, 부모와 함께 살 때와 달라진 것이 없는 수준에서 마무리된다.

그러나 친척 입장에서 보면 상황은 완전히 다르다. 새로 진입한 조카가 청약에 당첨되거나 집을 사면, 원래 있던 주택과 세대합산으로 다주택자가 된다. 2021년부터 당첨된 분양권도 당첨 즉시 주택 수에 포함된다. 청약에 당첨되나, 구축아파트를 매수하나 어차피 주택 수에 포함된다. 비록 일시적일지라도 다주택자가 되면, 일단 친척 소유의 집은 이전에 이미 1주택 양도소득세 비과세 요건을 충족했다고 하더라도, 1주택 상태가 된 순간부터 다시 2년 보유 조건을 충족해야 한다. 물론 조정대상지역이라면 2년 거주까지 해야 한다. 더욱이 친척이 1주택 상태였다면, 주택 처분 조건으로 자유롭게 청약이 가능했지만, 다주택자가 되면서 청약 자격도 완전히 상실된다. 친척과 자녀의 합가 기간이 길어지면, 경우에 따라서는 종부세가 부과될 수도 있다. 따라서 친척이 직접 거주하고 있는 집으로 세대분리하는 것은 득보다 실이 훨씬 많은 것이다.

친척이 무주택이라면 괜찮지 않을까?

그렇다면 앞의 상황에서 친척이 주택을 소유한 것이 아니라, 현재 무주택 상태라면 어떨까? 이 역시도 앞의 상황에 비해 조금 나을 뿐, 여전히 문제는 있다. 자녀가 무주택 상태의 친척집으로 전입해 청약에 당첨되거나, 구축아파트를 사면, 그 순간부터 무주택 상태였던 친척은 1주택 상태가 된다.

무주택과 1주택의 차이는 엄청나다. 가장 큰 차이는 바로 청약 자격이다. 2021년 7월부터 사전청약을 받은 3기 신도시와 기타 신규 택지개발지구는 사전청약 자격을 무주택자에게만 주고 있다. 그리고 훗날 사전청약이 끝나고, 본청약에 돌입하더라도, 국민주택에 대해서는 여전히 무주택자만 청약이 가능하다.

후에 분양하는 민영주택도 상황은 크게 다르지 않다. 민영주택은 1주택자도 청약이 가능하지만 무주택자에게 기회를 줄 만큼 주고, 남은 비율에 대해 1주택자에게 기회를 준다. 즉 무주택자가 누군가에 의해 유주택 상태가 된다는 것은 상당한 내 집 마련 기회를 박탈당하는 것을 의미한다. 전입한 조카가 보유한 주택이 있으니, 구축아파트를 매수하려 해도 해당 지역의 규제에 따라, 당장 취득세 중과를 걱정해야 할 수도 있다. 여러 상황을 봤을 때, 이 역시도 세대분리 방법으로 추천할 만한 방법은 아닌 것이다.

친척 소유의 다른 집으로 전입하는 것은 어떨까?

친척 가족은 이미 거주하는 곳이 있고, 별도의 친척 소유의 집에 자녀를 전입시키는 것인데, 이 경우는 어떨까? 사실 이 경우는 큰 문제가 없다. 그러나 선행되어야 할 것이 있다. 앞에서 필자가 세대분리의 본질을 설명할 때, 가장 기본이 되는 것이 무엇이라고 했는지 기억이 나는가? 바로 독립된 생활을 스스로 할 수 있느냐를 본다고 했다. 친척은 따로 살고, 친척 소유의 다른 집으로 전입을 하는 것이라면, 제삼자가 소유한 집으로 전입하는 것과 표면적으로는 아무런 차이가 없다.

단, 여기서 중요한 것은 우리가 일면식도 없는 제삼자의 집에 살때는 대부분 무상으로 살지 않고, 시세에 맞는 적정 임대료를 약속하고, 일정 기간 그 집에서 거주하게 된다. 따라서 친척 소유의 집으로 전입해 독립된 세대가 되기 위해서는 전입신고만 해서는 안 되고, 적정 임대료를 내고 정식으로 임대차계약서를 작성하거나, 무상거주확인서라는 것을 소유주인 친척으로부터 발급받아 전입신고할 때 같이 제출해야 한다.

그런데 무상거주확인서라는 것도 아무에게나 써 줄 수 있는 것은 아니다. 크게 2가지 사유에 해당할 경우 작성이 가능한데, 첫 번째는 건물 소유자와 친인척 관계이거나 친구 또는 특수고용관계를 맺고 있으면서, 실제 그 집에서 무상거주를 하는 경우다.

두 번째는 실제 소유자와 임대차계약을 맺은 사람 이외의 사람이 그 집에 거주할 경우다. 친척 소유의 집으로 세대분리하는 것은 첫 번째 사유에 해당하므로, 굳이 임대료를 지불하지 않더라도 세대분리가 가능하다. 무상거주확인서를 작성하기 위해서는 건물 소유자와 실제 거주인의 서명과 도장이 필요하며 건축물관리대장, 지방세납부영수증 등의 추가 첨부서류가 필요하다는 것도 알아두어야 한다. 자세한 것은 행정복지센터에 문의하면 매뉴얼에 따라 자세히 안내를 해줄 것이다.

단독주택, 다가구주택은 주소가 하나인데
세대분리가 가능한가요?

주소는 하나지만, 거주공간은 둘 이상인 형태

단독주택과 다가구주택은 주소는 하나지만, 거주공간은 둘 이상인 구조를 가진다. 이런 특이한 구조 때문에 세대분리 가능 여부를 따질 때도 잦은 혼란을 준다.

먼저 단독주택부터 살펴보자. 단독주택은 하나의 대문에 1층 또는 2층짜리 건물 한 동에 마당이 있는 집을 말하는데, 단독주택의 건물 일부를 임차하는 형태는 대학가 주변의 주택가에서 흔히 볼 수 있다. 그리고 다가구주택이라는 것은 하나의 건물에 여러 세대가 있고, 각 세대마다 소유자가 따로 있는 것이 아니라, 건물 소유자는 1명이면서, 각 세대는 임차 형태로 전입한 주거형태를 말한다.

건물의 각 세대마다 소유자가 다른 빌라와 상반되는 개념이라고 보면 된다. 그런데 여기서 따져볼 것이 있다. 학창시절이나 결혼 전에 누구나 한 번쯤 단독주택이나 다가구주택에 전입해 자취를 한 경험이 있을 텐데, 이 경우는 전입신고가 되었으니 세대분리까지 된 것일까? 지금부터 하나씩 정리해보자.

단독주택 건물 일부에 전입한 경우

단독주택의 일부를 임대하는 경우는 크게 2가지 형태로 구분된다. 첫 번째는 대문과 주 출입문을 주인집과 함께 공유하면서 별도의 호수 구분 없이 방만 구분해서 사는 경우다. 그리고 두 번째는 방을 구분해서 사는 것은 물론, 호수도 부여되어 있고, 대문과 주 출입문까지 별도로 만들어서 사용하는 경우로 구분할 수 있다.

물론 두 경우 모두 전입신고는 완료했다고 가정해보자. 과연 두 경우 모두 세대분리된 것으로 인정받을 수 있을까? 단독주택처럼 소유자가 1명인 주택은 원칙상 2명의 세대주가 있을 수 없다. 즉 세대분리가 인정되지 않는다. 그러나 예외가 있다. 비록 단독주택이라고 할지라도, 주 출입문을 주인 세대와 별도로 사용하면서 전입신고가 되어 있다면, 독립된 세대로 인정을 해준다. 따라서 첫 번째 경우는 비록 전입신고를 완료했다고 하더라도, 같은 공간에서 그냥 동거인 상태가 된다. 세대분리 또한 인정되지 않는 것이다. 대학생이나 직장인 중에서 단독주택의 일부에 임차로 거주하고 있다면, 주 출입문을 별도로 사용하고 있는지, 애매한 상황이라면 전입신고 당시 해당 행정복지센터에 세대분리가 가능한지 반드시 체크해봐야 한다.

다가구주택 건물 한 칸에 전입한 경우

다가구주택 역시 큰 틀에서는 단독주택과 같다. 전입신고는 물론이고, 주 출입문도 별도로 사용해야 한다. 그런데 다가구주택은 구분이 비교적 간단하다. 각 칸마다 일정한 호수가 부여되어 있고, 애초부터 각자의 출입문으로 독립된 생활을 할 수 있도록 만든 건물이기 때문이다. 이는 제삼자가 소유한 다가구주택뿐만 아니라, 부모가 소유한 다가구주택의 한 호실에 자녀가 전입한 경우도 인정받을 수 있다. 단, 이 경우는 임대차계약을 체결하거나, 무상거주확인서를 제출해야 한다. 다가구주택에 전입한 경우라면 세대분리와는 별개로 한 가지를 확실히 해둘 것이 있다. 비록 표면적인 호수가 부여되어 있더라도, 다시 한번 건축물대장을 확인해야 한다.

만약 지하 세대나, 옥상 세대가 있다면, 건축물대장과 실제 호수가 다른 경우가 상당히 많기 때문이다. 예를 들면, 건축물대장상의 호수는 지하 세대나 옥상 세대는 제외하고, 지상 1층 첫 번째 세대부터 호수를 부여했는데, 편의상 소유자가 지하 세대부터 첫 번째 호수를 표시해놓는 식이다.

지하 세대가 하나라면, 모든 호수가 1칸씩 어긋나 있을 것이고, 2개라면 2칸씩 어긋나 있을 것이다. 즉 건축물대장에는 101호로 표기되어 있지만, 실제는 102호나 103호로 표기되어 있을 수 있다는 뜻이다. 비록 호수가 건축물대장과 실질의 일치하는지 그 여부는 세대분리 성립과는 관련이 없지만, 향후 건물이 경매로 넘어갔을 때, 보증금을 지키는 중요한 기준이 된다. 모두 중요한 내용이니 잊지 말고 미리 체크해두는 것이 좋다.

34

같은 아파트에서
2명의 세대주가 가능할까요?

일반아파트 vs 세대분리형아파트

세대분리형아파트라는 것을 들어본 적이 있는가? 최근 5년 이내에 준공한 아파트에서 자주 볼 수 있는 형태인데, 임대수익이나 가족 간에 거주 공간분리를 목적으로, 아파트 일부 공간을 나눠 현관과 주방, 화장실 등을 별도로 마련한 아파트다. 즉 공간이 벽으로 구분되어 있고, 현관이 2개인 구조인 것이다. 초기에 중대형 면적 위주로 설계되었던 세대분리형아파트는, 점차 중소형 면적으로 확대되고 있는 분위기다.

그렇다면 한 아파트에서 세대분리가 가능할까? 앞에서 필자가 단독주택과 다가구주택의 경우를 설명할 때, 핵심은 독립된 공간과 주 출입문이라고 했다. 아파트도 동일하게 적용하면 된다. 일반아파트는 면적과 상관없이 공간이 둘 이상으로 나눠 있지 않고, 주 출입문도 하나이므로, 원칙상 한 아파트에서 세대분리가 인정되지 않는다.

그러나 세대분리형아파트라면 가능하다. 벌써 이름부터 세대분리형이라 명명하듯이, 이 아파트는 애초부터 세대분리를 목적으로 설계된 것이다.

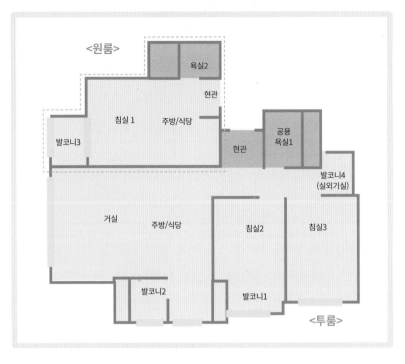

세대분리형아파트의 구조

＜원룸＞

욕실2

현관

침실 1 　주방/식당

발코니3

현관

공용
욕실1

발코니4
(실외기실)

거실 　주방/식당

침실2 　침실3

발코니2

발코니1

＜투룸＞

도면에서 보듯 벽을 기준으로 두 개의 공간으로 나눠져 있다. 별도의 현관을 사용할 수 있기 때문에 완벽한 독립된 공간으로 나눌 수 있다. 세대분리의 기본조건 중 하나를 충족하고, 세대분리형아파트의 독립된 공간으로 전입신고하면, 비록 같은 아파트라고 하더라도, 세대분리에는 전혀 지장이 없다.

일반아파트도 예외가 있다

지금까지는 원칙을 설명했고, 이제부터는 예외를 살펴보자. 일반아파트는 출입문도 하나이고, 거주공간이 물리적으로 분리되어 있지 않아 원칙상 세대분리가 안 되지만, 일정 조건을 갖추면, 예외적으로 세대분리를 인정받을 수 있는 가능성이 있다. 그렇다면 그 조건이라는 것이 무엇일까? 먼저 세대분리의 본질을 보자. 필자가 앞에서 세대분리의 본질은 누군가의 도움 없이 스스로 독립된 생활을 할 수 있는 것이라고 했다. 즉 일반아파트에서 원칙을 깨고 분리된 세대로 인정받기 위해서는 스스로 독립된 생활을 하고 있다는 것을 증명하면 된다.

독립된 생활을 증명하는 것은 결코 간단하지 않다

그런데 독립된 생활을 하고 있다는 것을 증명하는 것이 생각만큼 간단하지 않다. 일단 가장 먼저 한 아파트의 기존 세대원과 새로 전입한 사람은 각각 독립된 수입원으로 생활해야 한다. 여기서 말하는 수입은 세대분리의 기본조건이었던 수준을 충족하면 된다. 직전년도 평균 월수입이 중위소득 40% 이상이면서, 세대분리하는 그달 역시 수입이 있어야 한다. 어느 한쪽이 수입이 아예 없거나, 이전에 있었지만 최근에 끊긴 상태라면, 어느 한쪽이 부양하는 것으로 간주되어 세대분리는 인정되지 않는다.

생활유지도 독립적으로 해야 한다. 이를테면 각자 명의로 발급받은 신용카드를 쓰고, 대금 역시 각자 명의로 납부해야 한다. 그리고 자동차 구입 및 보험가입도 각자 명의로 해야 한다. 하나의 자동차를 공유해서는 안 된다는 뜻이다.

그리고 결정적인 것은 이 모든 것을 갖췄다고 하더라도, 세금 중과나 아파트 청약을 앞두고 세대분리 성립 여부는 결정권자의 재량에 따라 결정된다는 것이다. 다년간 세대분리가 된 줄 알고 열심히 유지했지만, 결정적인 순간에 결정권자가 인정하지 않으면 모두 허사가 된다.

그래서 필자는 세대분리 관련 상담을 할 때, 물리적 공간 분리 없이 세대분리를 시도하는 것을 가급적 말리는 편이다. 여러 가지 부담이 있겠지만, 그래도 독립된 세대로써 제대로 된 권리를 누리고자 한다면, 가급적 제3의 공간으로 전입을 하는 것이 여러모로 좋다.

35

이혼했고 현재 무직 상태인데,
독립 세대주로 1순위 청약이 가능할까요?

이혼을 하면, 혼인신고의 효력이 사라지지 않을까?

혼인성립 자체만 놓고 보면 혼인신고를 한 부부라도, 이혼신고를 하는 순간 모든 혼인관계는 끝나지만, 세대분리 및 1순위 청약자격에 대해서는 다른 기준을 적용한다. 이 역시 필자가 세대분리와 관련해서 많이 받는 질문 유형인데, 아무래도 이전과는 상황이 달라졌으니, 세대분리 성립에 지장을 주지 않을까 하는 우려에서 하는 질문이다. 특히 만 30세 미만의 이혼 당사자가 주로 질문한다.

결론부터 말하면, 이혼했다는 사실은 한 번 성립한 세대분리 및 1순위 청약자격에 아무런 지장을 주지 않는다. 이유는 한 번 혼인신고를 한 이력이 있다면, 적어도 세대분리 관점에서는 영구적인 것으로 간주하기 때문이다. 더욱이 앞에서 정리한 세대분리 기본조건을 보면, 혼인신고를 한 사람은 다른 조건을 갖추지 않아도 세대를 분리하는 데 아무런 지장이 없다고 했다.

즉 혼인신고를 하면서 세대분리를 했던 사람은 훗날 이혼을 하거나 사별을 해도, 세대분리 성립에는 아무런 영향을 주지 않는 것이며, 당당히 세대주 자격으로 규제지역에서 1순위 청약도 지장을 받지 않는 것이다. 만약 만 30세 이후에 이혼을 한 경우라면, 이미 나이에서 세대분리 자격을 충족했으니, 역시 아무런 문제가 없다고 보면 된다.

이혼을 했는데, 만약 수입이 없다면?

이혼을 했는데, 수입마저 없다면, 당장 생활은 막막할지 모른다. 그러나 이 역시도 세대분리 자격을 유지하는 것에는 아무런 지장이 없다. 필자가 설명했던 세대분리 기본조건이 기억나는가? 다시 간단히 정리해보자. 만 30세가 되는 해에 생일이 지나거나, 혼인신고를 했거나, 중위소득 40% 이상의 수입이 있으면서, 제3의 공간으로 전입신고하면 독립된 세대가 된다고 했다. 그리고 이 3가지 조건 중 하나를 충족했다면, 나머지 2가지를 충족하지 않아도 된다고 했다. 즉 혼인신고를 했다는 사실만으로, 훗날 이혼을 하거나 사별을 해도 세대분리 관점에서는 여전히 혼인신고 효력이 유지되는 셈이니, 다른 조건은 아예 고려할 필요가 없는 것이다. 만약 수입이 없다면, 생활은 막막할지 모르나, 세대분리와 청약 1순위 자격은 그대로 유지된다.

36

부부는 세대분리가
안 되나요?

부부는 지구 반대편에 있어도 동일 세대

법적으로 혼인신고를 했다면, 그 순간부터 두 사람은 같은 세대의 구성원이 되고, 모든 세대에 속한 주택은 합산된다. 설령 부부가 각자의 명의로 집을 1채씩 보유해도, 세대에 속한 주택은 모두 합산되니, 2주택이 된다.

그런데 우리나라 모든 부부가 함께 살지는 않을 것이다. 직장이나 학업 문제로 배우자가 다른 지역, 다른 집에 거주하면서, 주말이나 정해진 기간에 한 번씩 만나는 형태의 삶을 사는 부부도 많다.

이런 경우는 어떨까? 예를 하나 들어보자. A씨와 B씨는 혼인신고를 한 법적 부부다. 부부는 A씨 명의로 된 집에서 함께 살다가, B씨의 인사발령으로 다른 지역에 거주하게 되었고, 현재 B씨는 거주지로 전입신고를 한 상태다. B씨의 나이도 만 30세 이상이며, 결혼도 했고, 월수입은 중위소득 40%를 훨씬 초과했으니, 이론상 세대분리 조건은 충족한 상태다. 마침 매달 10만 원씩 납입하던 15년 된 청약통장이 있다. 그렇다면 과연 B씨는 거주지에서 분양하는 국민주택에 청약이 가능할까? 답은 B씨의 국민주택 청약은 불가능하다.

왜 그럴까? 이유는 법적 부부는 지구 반대편에 있어도 동일 세대이기 때문이다. B씨는 세대분리에 필요한 조건 중 1개 이상을 충족했다. 제3의 거주공간으로 전입까지 완료했으며, 당첨 가능성이 있을 만큼 오랜 기간 청약통장도 유지했다. 하지만 동일세대인 A씨가 소유한 주택 때문에 1주택자가 된다. 무주택자만 청약할 수 있는 국민주택에는 청약 자체가 불가능한 것이다.

세금도 마찬가지다. 각자 명의로 1주택씩 소유하던 2주택 부부가, 부부 중 한 사람이 제3의 지역으로 전입하고 보유한 주택을 팔아도, 그 주택은 2주택으로 간주되어 규제 여부에 따라 양도소득세가 중과된다. 반대로 남편 명의로 된 집 1채만 보유하던 부부 중 아내가 제3의 지역으로 전입하고, 아내 명의로 주택을 사도 총 2주택이 되어 규제 여부에 따라 취득세가 중과된다. 상황이 조금씩 바뀔 때마다 판단하는 것이 복잡해보이지만, 법적 부부는 언제, 어디서나 같은 세대라는 본질만 알고 있다면, 모든 상황에 대해 그다지 어렵지 않게 판단할 수 있을 것이다.

각자 집을 소유하다가 법적 부부가 되면?

앞서 법적 부부는 어떤 형태로 거주공간을 분리해도 같은 세대로 주택이 합산된다고 했다. 그런데 반대로 미혼일 때 각자가 소유하던 주택은 법적 부부가 되면 어떻게 될까? 그냥 그대로 2주택이 되는 것일까? 이 물음에 대한 답은 소득세법 제155조 5항에서 찾을 수 있다. 혼인 전에 각자 1주택씩 소유하던 부부가 혼인신고를 했다면, 두 주택 중 아무거나 5년 이내에 팔면, 그 주택에 대해서는 양도소득세가 비과세될 여지가 있다.

여기서 필자가 '여지가 있다'라고 표현한 이유는 선행조건이 있기 때문이다. 혼인 이전에 집을 소유한 사람에게 5년간 양도소득세 비과세 유예기간을 주는 이유는, 적어도 세금의 관점에서만큼은 혼인 후 5년간은 각자 1주택씩 독립된 세대로 집을 보유한 것으로 간주하기 때문이다.

소득세법 시행령 제155조 제5항
1주택을 보유하는 자가 1주택을 보유하는 자와 혼인함으로써 1세대가 2주택을 보유하게 되는 경우 또는 1주택을 보유하고 있는 60세 이상의 직계존속을 동거봉양하는 무주택자가 1주택을 보유하는 자와 혼인함으로써 1세대가 2주택을 보유하게 되는 경우 각각 혼인한 날부터 5년 이내에 먼저 양도하는 주택은 이를 1세대 1주택으로 보아 제154조 제1항을 적용한다.

여기서 바로 선행조건이 무엇인지 감이 오지 않는가? 그렇다. 바로 혼인신고를 하기 전에 각자가 소유하던 집은 1주택 양도소득세 비과세 조건을 먼저 충족해야 한다는 것이다. 그런데 1주택 양도소득세 비과세 요건이 강화되었으므로, 꼼꼼히 살펴야 한다. 만약 비규제지역이거나 2017년 8월 2일 이전에 조정대상지역에서 취득한 주택이라면, 2년 이상만 보유하면 비과세 된다. 거기에 2017년 8월 3일 이후에 조정대상지역에서 취득한 주택은 2년간 거주까지 해야 한다.

앞으로 시간이 흐를수록 거주 조건까지 충족해야 비과세 되는 집이 늘어날 것으로 보인다. 이에 따라 적절한 절세 전략도 필요한데,

혼인신고가 급한 상황이라면 고민할 것 없이, 양도소득세 비과세 요건을 충족한 주택을 먼저 5년 이내에 팔면 된다. 두 주택 모두 양도소득세 비과세 조건을 충족하지 못한 상태라면, 두 주택 중 하나가 요건을 충족할 때까지 혼인신고를 미루는 것도 좋다. 이렇게 주택 하나를 팔고 나면, 나머지 1채는 자연스럽게 부부의 1주택이 되기 때문에, 2년간 거주만 하면, 그 주택 역시 양도소득세에서 자유로울 수 있다. 그러나 지금까지는 세법상 관점이고, 1주택 처분 조건으로 민영주택에 추첨제로 청약을 하는 경우라면, 혼인 합가 유예기간 상태라도 1순위 청약은 할 수 없다. 입주자모집공고일 기준으로 어떠한 이유로든 2주택을 소유하고 있다면, 청약에서는 1순위 자격을 제한한다.

만약 청약을 앞두고 있다면, 유예기간 5년이 아니라, 실제 관심을 둔 단지의 입주자모집공고일 전까지 양도소득세 비과세 요건을 충족한 집을 처분해야 계획에 차질이 없다는 점을 반드시 기억해두어야 한다.

37

만 60세 이상 부모가 소유한 주택은 무조건 무주택으로 보는 것인가요?

만 60세 이상 부모가 소유한 주택이 무주택이라는데요

만 60세가 넘은 부모 소유의 집이 때에 따라 무주택으로 인정된다는 말을 듣고, 이와 관련된 상담이 끊이지 않고 있다. 상담이 끊이지 않는다는 말이 무슨 뜻일까? 관련 규정이 일관되게 적용하면 혼선도 없고, 이해도 편하겠지만, 아쉽게도 만 60세 이상의 부모가 소유한 주택은 어느 경우는 무주택, 또 어느 경우는 유주택으로 인정되어 직접 관련된 사람은 정확한 판단이 쉽지 않기 때문이다. 아파트 청약이나 세금 과세를 앞두고, 다른 주택 유무는 결과에 상당한 영향을 미치므로, 각 경우에 대해 확실히 정리해보자.

무주택이 되는 경우

부모와 함께 사는 자녀와 자녀의 배우자 이름으로 아파트 청약에 도전하는 경우라면, 만 60세 이상의 부모 소유의 집이 청약자격에 지장을 주지 않는다.

단, 이 경우는 자녀 및 자녀 가족이 다른 주택에 전입신고된 상태에서 몸만 같이 산다거나, 반대로 부모 소유의 집에 전입신고만 해 놓고 다른 주택에 거주하는 경우는 해당되지 않는다. 반드시 주민등록상 주소와 실제 거주가 부모와 일치해야 한다. 즉 만 60세 이상의 부모가 소유한 주택에 함께 사는 직계비속은 부모가 집을 소유하고 있더라도, 자녀와 자녀의 배우자 이름으로 세대주를 변경하면, 무주택자 1순위 자격으로 청약이 가능하다. 무주택 기간도 부모와 합가한 기간과 상관없이 오로지 무주택 가점으로 인정받을 수 있다.

어머니가 아직 만 60세가 안 되는데요?

일단 전제는 만 60세 이상의 부모가 소유한 주택은 자녀의 청약자격에 영향을 주지 않는다는 것인데, 그렇다면 부모 중 한쪽이 만 60세가 안 되는 경우는 어떻게 될까? 이 경우는 집이 누구 명의로 되어 있느냐에 따라 달라진다. 만약 집이 아버지 명의로 되어 있고, 아버지 나이가 만 60세가 넘었다면, 어머니 나이와 상관없이 자녀의 청약자격에 지장을 주지 않는다. 즉 부모가 무조건 만 60세 이상을 충족해야 하는 것이 아니라, 주택 명의자가 만 60세 이상이어야 하는 것이다.

예를 들어, 부모의 나이 차이가 많은데, 부부 공동명의로 된 집에 자녀가 함께 살고 있고, 객관적으로 자녀의 청약 당첨 확률이 높은 상태라면, 부모 어느 한쪽의 나이가 만 60세가 될 때까지 기다리기보다는 공유지분을 만 60세 이상인 배우자에게 증여하고, 자녀의 무주택 1순위 청약 자격을 바로 취득하는 것이 더 이득일 수도 있다.

각 경우에 대해 자녀의 무주택 1순위 청약 가능 여부를 표로 정리했으니, 각자의 상황에 따라 적절히 활용해보기를 바란다.

자녀의 무주택 1순위 청약 가능 여부

구분	자녀의 무주택 1순위 청약 가능 여부
주택 명의자 : 아버지 아버지 : 만 60세 이상 어머니 : 만 60세 이하	가능
주택 명의자 : 어머니 아버지 : 만 60세 이상 어머니 : 만 60세 이하	불가능
주택 명의자 : 부부 공동명의 아버지 : 만 60세 이상 어머니 : 만 60세 이하	불가능
주택 명의자 : 부부 공동명의 아버지 : 만 60세 이상 어머니 : 만 60세 이상	가능

주택이 2채인데요?

부모의 나이는 만 60세 이상이 되었는데, 부모 소유의 주택이 2채다. 이 경우는 어떻게 될까? 이 경우도 본질만 이해하고 있다면, 그다지 어렵지 않게 답을 찾을 수 있다.

자녀의 무주택 1순위 자격 유무의 본질은 주택 명의를 가진 부모의 나이가 만 60세 이상만 되면 지장을 주지 않는다는 것이다.

즉 나이와 명의에 대한 언급만 있을 뿐, 주택 수에 대한 언급은 없다. 만약 아버지만 만 60세 이상이고, 주택 2채 모두 아버지 명의로 되어 있다면, 여전히 자녀의 무주택 1순위 청약 자격에는 지장이 없다고 보면 된다.

받는 만큼 잃는 것도 있다

100세 시대라고 한다. 이제 더 이상 환갑은 많은 나이가 아니다. 그런데도 만 60세 이상이 소유한 주택에 대해 무주택으로 간주하는 규정이 있다는 것은, 혜택을 받는 사람에게는 엄청난 특혜가 아닐 수 없다. 그러나 동전에도 양면이 있는 것처럼, 큰 혜택을 받는 대신 잃는 것도 있으니 이것도 함께 알아두어야 한다.

만 60세 이상 부모 소유의 집에 함께 사는 자녀는, 세대주를 자신으로 변경하면서 노부모를 부양하는 형태가 가능하지만 부모가 엄연히 주택을 소유한 것은 사실이므로, 노부모부양특별공급에는 청약이 불가능하다. 더욱이 자녀가 가점제로 청약할 경우, 만 60세 이상의 부모는 부양가족 가점에서 제외된다.

예를 들어 집을 소유한 만 60세 이상 아버지, 자녀 부부, 손자 2명이 같은 세대라고 가정했을 때, 원래대로라면 25점이 되어야 하지만, 집을 소유한 만 60세 이상의 부모님은 가점에서 제외된다. 부양가족 수는 본인 포함 4명이 되고, 가점은 20점이 되는 것이다. 중요한 내용이므로 입주자모집공고일 전에 반드시 확인해야 계획에 지장이 없을 것이다.

유주택이 되는 경우

지금까지 필자의 설명을 자세히 읽었다면, 중요한 사실 하나를 발견했을 것이다. 지금까지 필자는 부모가 만 60세 이상이면, 자녀의 무주택 1순위 청약 자격에 영향을 주지 않는다는 표현을 썼을 뿐, 무조건 무주택자로 본다고 하지 않았다. 왜 그랬을까? 이유는 부모 나이가 만 60세 이상이라고 하더라도, 함께 사는 자녀가 유주택으로 보는 경우도 있기 때문이다.

부모 소유의 집이 함께 사는 자녀의 주택 수에 지장을 주지 않는 것은 청약에 국한된 것일 뿐, 세법상 관점에서는 부모의 나이와 명의 상관없이 그대로 있는 주택으로 간주한다.

예를 들어 만 60세 이상의 부모 소유의 집에 함께 사는 자녀가 주택 1채를 매매, 경매, 공매 등으로 취득했다면, 이때는 부모 소유의 집이 그대로 주택이 있는 것으로 간주된다. 부모, 자녀 모두 2주택이 되는 것이다. 조정대상지역 내에서 취득했다면, 취득세 중과에서 자유로울 수 없다. 팔 때도 마찬가지다. 자녀가 1순위 청약에 도전해 당첨되었다면, 2021년 이후부터는 분양권도 주택 수에 포함되기 때문에 그때부터 2주택이 된다. 만약 세대분리 없이 부모 소유의 집을 팔면, 보유 및 거주기간 상관없이 2주택으로 간주되어 양도소득세가 중과된다.

본질만 이해하자

각 경우를 일일이 언급하자면 복잡한 것이 사실이다. 하지만 그 속에는 질서가 있고, 그 질서를 벗어나는 경우는 없다. 따라서 본질만 정확하게 기억해두고, 경우가 닥칠 때마다 적용해서 생각하면 의외로 간단하다. 다시 한번 정리한다. 자녀의 무주택 1순위 자격 유무의 본질은 주택 명의를 가진 부모의 나이가 만 60세 이상만 되면 지장을 주지 않는다는 것이다.

38

2021년 2월 17일 이후부터
세대분리 전략적으로 활용하기

2021년 2월 17일 이후부터 더욱 강화된
1주택 양도소득세

2021년 개정세법 중에서 국민 대부분과 관련된 규정은 아마도 1주택 양도소득세 비과세 관련 규정일 것이다. 2주택 이상 보유한 사람이 주택 1채를 양도하고 나서, 나머지 1채에 대해 양도소득세 비과세 혜택을 받기 위해서는, 이전 보유기간에 상관없이 1주택 체제가 된 날로부터 다시 2년간 보유해야 비로소 양도소득세가 비과세가 된다고 앞서 언급했다.

그런데 2021년 2월 17일 이후부터는 여기서 더해서 1주택 양도소득세 비과세 요건이 더욱 구체적으로 변경되었다. 2021년 1월 1일부터 2월 17일 이전까지는 2주택 중에서 하나의 주택을 다른 처분방식은 제외하고, 오직 양도에 대해서만 남은 주택 1채는 1주택 체제가 된 날로부터 다시 2년간을 보유해야 양도소득세가 비과세 혜택을 받을 수 있었다.

구분	당초	개정(2021년 2월 17일 이후)
변경 내용	다른 주택을 양도하는 경우	다른 주택을 처분(양도, 증여 및 용도변경('건축법' 제19조에 따른 용도변경을 말하며, 주거용으로 사용하던 오피스텔을 업무용 건물로 사실상 용도변경하는 경우를 포함한다)하는 경우를 말한다)하는 경우

출처 : 법제처

모든 법적 처분행위에 대해 규정 적용

지금부터 구체적으로 그 내용을 구체적으로 살펴보자. 양도가 무슨 뜻인가? 제삼자에게 돈을 받고 명의를 이전하는 것이다. 한마디로 돈을 받고 파는 경우에 한해서만 2021년부터 새롭게 바뀐 1주택 양도소득세 비과세 규정을 적용했던 것이다. 그런데 2021년 2월 17일 이후부터는 다른 사람에게 돈을 받고 파는 경우를 포함해 자식이나 배우자에게 증여하는 경우, 그리고 주거용 오피스텔을 업무용으로 바꾼다거나, 아니면 건축법상 용도변경으로 주택에서 주택이 아닌 상가나 공장 등으로 변경하는 경우를 모두 포함하도록 규정을 강화했다. 한마디로 양도뿐만 아니라 법적으로 처분행위에 해당하는 모든 경우를 포함하겠다는 것인데, 그럼 예를 만들어서 이해를 도와 보겠다. 다음 예시를 보자.

1주택자 A씨는 아직 20대 학생인 아들이 언젠가는 결혼할 것을 대비해서 주택을 마련해두려고 한다. 어차피 아들 이름으로 주택을 매수해도 아들이 같은 세대원에 마땅한 수입도 없는 상태라 세대분리도 안되고, 취득세도 중과된다고 하니 A씨 이름으로 매수했다가 나중에 아들이 결혼할 때 증여를 해주고자 한다.

먼저 증여를 하는 경우를 보자. 이 경우에 아버지 소유의 주택이 양도소득세 비과세 혜택을 받기 위해서는 어떻게 해야 할까? 이전 보유기간에 상관없이 증여한 날로부터 다시 2년간을 보유해야 양도소득세 비과세 혜택을 받을 수 있다. 이유는 증여 역시 2월 17일부터 바뀐 규정에 따라서 처분행위에 속한다. 이때 주의할 점은 보유기간을 계산할 때, 세대분리를 한 날이 아니라, 증여해준 날부터 계산한다는 것이다.

B씨는 주거용으로 등록된 오피스텔 1채와 실거주용 주택 1채를 보유하고 있는 2주택자다. 그런데 오피스텔에 살고 있는 현 세입자와의 임대차계약이 종료되는 대로 용도변경을 해서 사무실로 임대를 주고 나서 현재 거주하고 있는 집은 매도하려고 한다.

그렇다면 이번에는 용도변경을 하는 경우를 보자. 이 경우에는 용도변경을 하고 나면, B씨가 실제 거주하던 주택이 양도소득세 비과세 혜택을 받기 위해서는 어떻게 해야 할까? 이 경우 역시 이전 보유기간에 상관없이 용도변경을 한 날로부터 다시 2년간을 보유해야 비로소 양도소득세 비과세 혜택을 받을 수 있다.

다른 사람에게 팔지 않더라도 오피스텔 용도변경으로 사무실이 되면 자연스럽게 1주택이 된다. 이 경우에 1주택이 되어도 바뀐 규정을 적용해 용도변경으로 1주택이 된 날부터 2년간 보유해야 비로소 양도세가 비과세된다.

세대분리는 처분행위에 해당되지 않는다

여기까지 설명을 들었다면 이런 의문이 생길지도 모른다. 하나의 세대에 2주택을 보유하다가 세대분리하면서 각자 1주택씩 소유한 상태가 되면 엄연히 각자 1주택 상태가 된다. 이럴 때는 과연 세대분리를 2월 17일부터 적용하는 처분행위로 봐서 강화된 규정을 적용해야 할까?

1주택자 C씨는 아직 20대 학생인 아들이 언젠가는 결혼할 것을 대비해서 주택을 마련해두려고 한다. 어차피 아들 이름으로 주택을 매수해도 아들이 같은 세대원에 마땅한 수입도 없는 상태라 세대분리도 안 되니, 취득세가 중과되더라도 아들 이름으로 매수했다가 아들이 적절한 조건을 갖추었을 때, 세대분리하려고 한다.

세대분리는 처분 행위가 아니라는 것이 핵심이다. C씨와 아들 각자의 명의로 된 주택 1채씩, 2주택 상태에서 세대분리하면, 각자의 주택에 대해서는 이전 보유기간을 그대로 인정한다는 것이다. 즉 아버지와 아들 각자가 소유한 주택이 이전부터 이미 양도세 비과세 요건을 충족했다면, 세대분리하는 즉시 비과세가 적용된다고 보면 된다.

한마디로 겉으로 보기에 같은 1가구 2주택이라도 명의가 애초부터 누구였느냐에 따라 양도소득세 비과세 요건은 상당히 큰 차이가 발생한다고 볼 수 있다.

2021년 2월 17일 이후부터 하나의 세대에서 2주택 이상을 취득할 때는 부부가 아닌 다른 세대원 각자의 명의로 취득하는 것이 더 유리하다고 볼 수 있는 것이다.

4장

내 집 마련 후에
체크해야 할 것들

39

드디어 내 집 마련했어요.
이제 부동산 공부는 안 해도 되겠죠?

집을 사기 직전까지만 열심히 공부하는 사람들

앞서 언급했듯, 막대한 자금이 필요한 부동산을 자신만의 기준으로 선택해 최종 계약서에 도장을 찍고, 내 것으로 만들기까지는 정말 많은 공부가 필요함은 부인할 수 없는 사실이다. 현재 우리 주변에는 초보자가 부동산에 쉽게 입문할 수 있도록 돕는 곳이 많다. 필자 역시 유튜브와 책, 강의 등으로 많은 분들과 인연이 되었지만, 블로그, 카페가 주는 영향력도 여전하고, 유료강의와 각종 강연을 통해 부동산 전문가의 다양한 의견을 들을 수 있다.

주목해야 할 개발 호재는 어떤 것이 있으며, 현재 어디까지 진행이 되었는지, 정부가 부동산 정책을 발표하면, 어떻게 해석해야 하고, 무엇을 중점적으로 봐야 하는지…. 부동산 시장에서 나타나는 여러 현상들이 무엇에 의한 것이며, 언제까지 그 파급효과가 이어질지 등 여러 의견을 듣고, 실제 내 소유의 집을 갖기까지 많은 사람들이 정말 많은 공부를 한다는 것을 새삼 느낀다. 투자 목적은 물론, 내가 실제 거주할 집까지 마찬가지다.

그런데 필자 역시 부동산 초보자가 올바른 판단을 할 수 있도록 돕는 사람 중 한 사람으로써, 한 가지 아쉬운 점이 있다. 그것은 바로, 대부분의 사람들이 부동산을 취득하기 직전까지만 열과 성을 다한다는 것이다. 물론 내가 사야 할 집을 최종 선택하고, 결단 내리는 과정이 힘들고, 많은 에너지를 필요로 한다는 것은 누구보다 필자가 잘 알지만, 부동산은 결국 잘 보유했다가 가장 이상적인 시기와 형태로 팔아야 비로소 결과가 남는 것이다. 따라서 취득할 때는 물론, 보유했다가 최종 양도하기 전까지 전 과정에서 꾸준한 공부가 필요하다.

부동산 시장 상황과 정책은 수시로 변한다

그렇다면 왜 집을 최종적으로 팔 때까지 꾸준한 공부가 필요한 것일까? 그것은 부동산 시장 상황과 정책이 수시로 변하기 때문이다. 매수 시점에는 당시의 기준으로 가장 이상적인 조건으로 사고, 언제까지 보유하고 팔면 되겠다는 판단을 했을 텐데 정책이 바뀌면 완전히 다른 상황이 될 수도 있다. 예를 들면 이런 식이다. A아파트 바로 앞으로 전철노선이 예비타당성조사 결과 사업성이 충분하다는 평가를 받아 개발계획이 확정되었다는 보도가 연일 이어지고 있고, 갑작스러운 대형 호재에 매물이 귀해져 가격은 더욱 가파르게 오르는 추세다.

평소에 관심 있게 그 지역을 보던 B씨가 드디어 매수 타이밍이라 생각해 A아파트를 2019년 2월에 샀다. B씨는 예비타당성조사 통과 후, 실제 착공까지는 3년 정도가 필요하니 착공시점까지 3년간만 보유하다가 팔 계획이었다. 그런데 정부의 세금강화 정책이 발표되었다. 2021년 6월 이후부터 매도하는 주택에 대해서는 일제히 양도세율을 기존보다 20%씩 인상한다는 내용이었다.

B씨는 당초 2022년까지 A아파트를 보유할 예정이었지만, 강화된 세금정책 대로라면, 기존 세법보다 1억 원 가까운 양도소득세가 더 발생하는데, 중과된 세금을 상쇄하고도 남을 만큼 가격이 더 오르려면 예상보다 훨씬 더 오래 보유해야 하기 때문에 장기간 자금이 묶이고, 오래 보유한다고 해도 그 이상의 가격상승을 기대하기는 힘들 것 같다는 판단이 선다. 당초 2022년 중순쯤 매도할 계획이었지만, 2년 보유 후 일반과세 구간으로 접어드는 시점인 2021년 2월~5월 사이에 매도하는 것으로 전략을 수정했다.

이 예시를 보고 어떤 생각이 드는가? 사실 예시에 소개된 B씨의 전략은 매우 우수하다. 스스로 적절한 매수시점과 보유기간, 그리고 매도시점까지 완벽하게 머릿속에 그리고 있었으며, 변화하는 정책을 잘 반영해 계획을 수정했다. 그런데 B씨가 애초에 생각한 매도시점까지 그냥 묻어두었다가, 그제야 관심을 가졌다면 어떤 일이 벌어졌을까? 수정된 계획보다 더 오래 자금을 묶어두고도, 수익은 줄어드는 비효율적인 상황이 발생했을 것이다. 그래도 그나마 상승장에는 수익을 얻었으니 되었다며 위로라도 하겠지만, 하락장에서는 타이밍을 놓치면 고스란히 손해로 돌아온다. 뒤늦게 손해의 폭을 줄이고자 집을 내놓지만, 그때는 거래도 성사되지 않는다. 그렇게 초기가격보다 더 낮추고 나서야, 실수요자에게 팔려 손해의 폭은 더 커질 수도 있다.

바뀐 정책에 따라, 이전에는 최고의 전략이었지만, 하루아침에 비효율적인 전략이 될 수 있다. 이것저것 생각하지 않고, 평생 살 생각으로 집을 사는 것이 아니라면, 집을 사기 전에는 물론, 보유하다가 팔 때까지 수시로 변화하는 시장 분위기와 정책을 체크해야 한다.

40

전세가가 오르면
매매가도 오른다면서요?

전세가가 오르면 매매가도 오른다?

주변에서 전세가가 오르면 매매가를 밀어 올려서 매매가도 같이 오른다는 이야기를 들어봤을 것이다. 과연 전세가가 오르면 매매가도 오른다는 말이 사실일까? 그리고 만약에 전세가와 매매가가 같은 요인에 의해서 변한다면, 아마도 두 그래프는 비슷한 격차를 유지하면서 똑같은 패턴으로 올라가고 내려가고를 반복할 것이다.

그럼 실제 사례를 보고 이 말의 진위 여부를 판단해보자. 다음 그래프는 경기도 용인시 소재 A아파트의 최근 5년간 매매가와 전세가의 변동 추이를 비교한 것이다.

대충만 봐도 매매가와 전세가는 전혀 다른 흐름을 보이고 있다. 표준편차를 줄이고 싶다면, 역세권 아파트를 무작위로 선정해 최근 5년간 전세가와 매매가의 변동 추이를 비교해보자. 아마도 거의 유사한 결과를 확인할 수 있을 것이다.

한마디로 전세가가 오른다고 해서 무조건 매매가가 오르는 것도 아니고, 매매가가 오른다고 해서 전세가가 따라 오르지도 않는다.

A아파트 매매가·전세가 변동 추이

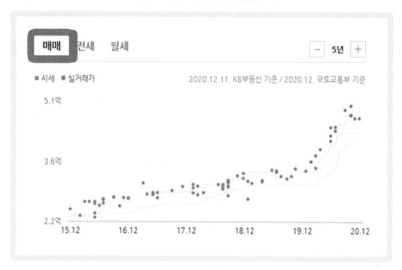

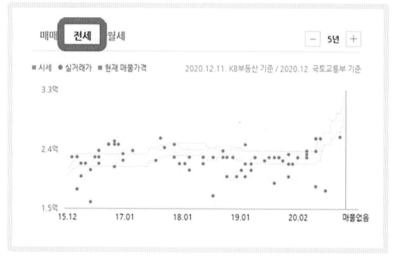

출처 : 네이버 부동산

　　시세변동 추이만 봐서는 매매가와 전세가는 정확하게 무엇 때문
인지는 몰라도 어쨌든 일단 서로 다른 요인에 의해서 변동한다고 짐
작할 수 있다.

전세가가 오르면 매매가를 밀어 올린다?

이번에는 전세가가 오르면 무조건 매매가를 밀어 올려서 매매가도 동반 상승하게 되는지 확인해보자. 다음 그래프는 경기도 화성시 소재 C아파트의 최근 1년간 매매가와 전세가의 변동 추이를 비교한 것이다.

C아파트 매매가·전세가 변동 추이

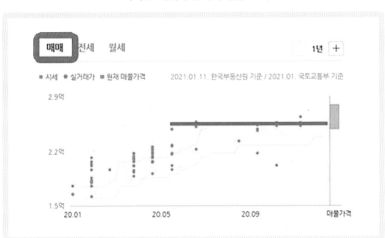

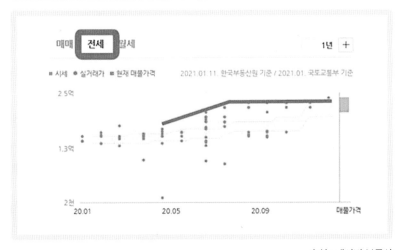

출처 : 네이버 부동산

매매가 그래프의 빨간 선을 보자. 가장 최근 실거래 기준으로 과거 9개월간 매매가가 거의 2억 5천만 원 선에서 정체되어 있다. 그런데 전세가 그래프의 빨간 선을 보면, 9개월 전만 하더라도 매매가는 2억 5천만 원 수준이었다. 전세가는 2억 원 수준으로 갭 차이는 5천만 원 정도였다. 그런데 그 이후로 3개월간 매매가는 거의 그대로인 반면, 전세가는 매달 1천만 원씩 상승해 결국 6개월 전쯤에는 전세가가 2억 3천만 원까지 상승했고, 갭 차이는 2천만 원으로 줄었다. 그런데 이런 현상이 그 이후로도 6개월째 계속 이어지고 있는 것을 알 수 있다. 불과 9개월 전에서 6개월 전까지 매달 1천만 원씩 상승하면서 매매가를 맹추격하던 전세가가 매매가와 거의 비슷해지자 상승세를 멈추고 함께 보합세로 접어들었다.

이 현상은 무엇을 의미하는 것일까? 최근 가격동향을 보면 이 아파트는 전세가가 매매가보다 상승 동력이 더 있었다. 그런데 지금 이 아파트가 보이는 현상은 상승세를 타던 전세가가 매매가를 밀어 올렸다고 하기보다는 오히려 강한 보합세를 유지하던 매매가가 전세가의 상승세를 꺾어 누르고 있다고 볼 수 있다.

지금까지 설명한 내용을 정리해보자. 앞에서 그래프로 보여준 사례들을 보면, 결국 전세가가 오른다고 해서 무조건 매매가가 밀려 올라가는 것이 아니라 전세가와 매매가는 서로 다른 요인에 의해서 변동한다. 그리고 매매가는 정체되어 있고, 전세가 상승세를 타고 있는 상태라고 하더라도 무조건 매매가가 밀려 올라가지 않고, 결국 매매가는 주변 개발 호재 같은 상승 동력이 있어야 상승하는 것이라고 이해할 수 있다.

전세가와 매매가는 각각 어떤 가치가 반영된 것일까?

매매가와 전세가가 서로 다른 패턴으로 움직이는 이유도 결국 반영되는 가치가 서로 다르다는 뜻일 텐데, 그렇다면 매매가와 전세가는 각각 어떤 가치가 반영된 것일까? 전세가는 현재의 사용 가치를 반영한 지표다. 즉 그 아파트 주변에 이미 편의시설이나 교통편, 학교 등이 잘 갖춰져 있어서 현재 살기 편한 곳이 보편적으로 전세가도 꾸준히 오르고 매매가 대비 높은 전세가율을 보인다. 반면 매매가는 당장 생활의 편리성보다는 현재의 시장 가치와 미래 시장 가치가 적절한 비율로 반영된 지표다.

이게 무슨 뜻일까? 잠잠하던 동네에 갑자기 광역고속전철 같은 대형 개발 호재가 확정되었다고 가정해보자. 물론 광역고속전철 신설은 대형 호재가 맞지만 확정된 직후에는 남은 일정이 더 많기 때문에 현재 시장 가치가 미래 시장 가치보다 더 많이 반영되어서 가격이 형성되지만, 개발계획이 점점 진행될수록 미래 가치 비중이 높아져 매매가도 점점 상승하게 될 것이다.

자, 여기까지 정리되었다면, 이제부터는 이런 이론을 기반으로 해서 실전에 적용을 해보고 적은 자금으로 좋은 아파트를 고르는 방법을 확인해보자.

전세가와 매매가로 예측하는 미래 가치 변화

예를 하나 들어보자. 주변에 대형 개발계획이 확정되어서 기대되는 미래 가치는 있지만, 당장 생활 인프라가 부족해서 살기가 불편한 A아파트가 있다고 가정해보겠다.

앞에서 설명한 이론에 대입해본다면, 결국 이 아파트는 현재가치와 미래 가치는 큰 반면에 당장 생활 인프라 부족으로 사용 가치는 낮을 것이다. 그 말은 곧 매매가는 높거나, 점점 높아지겠지만, 사용 가치가 낮아 전세가는 낮거나, 앞으로도 크게 오르지 않을 것이다. 결국 이 아파트는 시간이 흐를수록 점점 매매가는 높고, 전세가는 상대적으로 낮은 아파트, 즉 가격은 비싸면서, 매매가와 전세가의 갭 차이가 큰 아파트가 될 것을 예상할 수 있다.

이런 형태를 보이는 대표적인 곳이 바로 동탄2신도시다. 서울 업무중심지 접근성을 획기적으로 높이는 GTX-A노선이 정차하는 동탄역 주변 아파트는 2021년 3월 기준으로 전용 84㎡ 타입 매매가가 대략 13억 원을 넘지만, 전세가는 대략 4~5억 원 수준에 머물러 있다. 동탄2신도시는 GTX 덕분에 미래 가치는 충분하지만 현재는 서울과 거리도 멀고, 도시 내부의 연계교통도 보급되기 전이기 때문에 살기에 매우 편리한 상황은 아니라서 나타나는 현상이다.

그럼 이제 반대 경우를 보자. 주변에 마땅한 개발계획은 없지만, 생활 인프라가 잘 갖춰져 있어서 당장 살기는 편리한 B아파트가 있다고 가정한다. 역시 앞에서 설명한 이론에 대입하면, 결국 이 아파트는 현재가치와 미래 가치는 없는 반면에 당장 생활 인프라는 좋으니 사용 가치는 높을 것이다. 그 말은 곧 매매가는 낮거나, 앞으로도 크게 오르지 않겠지만, 사용 가치는 높아서 전세가는 시간이 흐를수록 점점 높아질 것이고, 결국 이 아파트는 시간이 흐를수록 매매가는 낮고, 전세가는 상대적으로 높거나 높아지는 아파트, 즉 가격은 저렴하면서, 매매가와 전세가의 갭 차이가 작은 아파트가 될 것을 예상할 수 있다. 이런 형태를 보이는 아파트는 주로 경기도 외곽의 구도심에 많이 있다. 경기도 외곽 지역은 당장에 큰 개발 호재는 없지만, 살기에 전혀 불편함이 없을 정도로 좋은 생활 인프라를 잘 갖추고 있는 곳이 많기 때문이다.

이런 아파트를 주의 깊게 보자

그렇다면 향후 투자 가치가 있으면서, 적은 자금이 드는 아파트는 어떤 아파트일까? 앞에서 미래 가치는 크지 않지만, 현재 그 아파트가 살기 편한 조건을 잘 갖추고 있다면, 갭 차이가 작으면서 가격은 저렴한 아파트가 된다고 정리했다. 그런데 만약 그런 아파트 옆에 새로운 개발 호재가 확정된다면 어떻게 될까? 당장의 사용 가치는 변하지 않으니 전세가는 거의 그대로지만, 개발 호재 확정으로 매매가는 점점 상승하게 될 것이다. 그리고 개발이 완료되어서 살기가 편해지면, 전세가가 다시 매매가에 수렴하면서 갭 차이는 다시 줄어들 것이다. 결국 투자 가치가 있으면서, 적은 자금이 드는 아파트는 현재 사용 가치가 높아서 전세가가 높고 매매가와의 격차가 적은 상태에서 대형 개발 호재가 발표된 지역, 즉 경기도 외곽 지역 구도심 중에서 대형 개발 호재 발표로 미래 가치까지 확보된 지역이 초기 투자 자금이 적게 들면서 향후 투자 가치가 큰 아파트라고 정리할 수 있는 것이다. 지금까지 설명한 기준을 가지고, 스스로 수도권 외곽지역에서 아파트 리스트를 만들어보자. 아마도 내 집 마련은 물론, 향후 투자 판단에도 상당한 도움이 될 것이다.

청약통장도
증여가 가능하다면서요?

청약 당첨을 좌우하는 청약통장 가입기간

현 청약제도에서는 청약가점은 무주택기간, 부양가족 수, 통장가입기간 이렇게 총 3개 항목에 대한 총점으로 점수를 결정한다. 그중에서 통장가입기간 가점의 구조를 보자. 통장가입기간은 가입하자마자 1점을 얻을 수 있고, 6개월 이상 1년 미만은 2점, 그리고 1년 단위로 1점씩 해서 15년 이상이 되면 17점 만점을 받을 수 있다. 한마디로 현 체제에서 통장가입기간 가점을 높이려면, 하루라도 빨리 청약통장을 만들어서 보유기간을 늘리는 방법이 이상적이라고 봐야 한다. 그런데 이 방법은 적잖은 시간이 필요하고, 몇 년씩 시간이 지나도 증가하는 점수 폭은 우리가 기대하는 것만큼 크지 않은 것이 사실이다. 그런데 반대로 생각하면, 단기간에 증가하는 점수 폭을 크게 할 수 있다면, 필요한 청약가점을 충족하고, 경쟁에서도 우위를 점할 수 있는 기회가 된다.

단 이틀 만에 청약가점 10점을 올리는 것이 가능하다?

요즘 같은 청약광풍 시대에 하루 만에 가점을 무려 10점이나 올릴 수 있다고 하면 귀가 솔깃할 것이다. 사실일까? 청약통장을 얼마 전에 해지했거나, 아파트에 당첨이 되었거나, 가입한 지 얼마 되지 않았다면, 지금부터 방법을 상세히 설명할 테니, 더욱 주의 깊게 읽어보기를 바란다.

청약 가점점수 산정기준표

가점항목	가점상환	가점구분	점수	가점구분	점수
① 무주택 기간	32	1년 미만	2	8년 이상~9년 미만	18
		1년 이상~2년 미만	4	9년 이상~10년 미만	20
		2년 이상~3년 미만	6	10년 이상~11년 미만	22
		3년 이상~4년 미만	8	11년 이상~12년 미만	24
		4년 이상~5년 미만	10	12년 이상~13년 미만	26
		5년 이상~6년 미만	12	13년 이상~14년 미만	28
		7년 이상~8년 미만	16	14년 이상~15년 미만	30
② 부양가족 수	35	0명	5	15년 이상	32
		1명	10	4명	25
		2명	15	5명	30
		3명	20	6명 이상	35
③ 입주자 저축 가입 기간	17	6개월 미만	1	8년 이상~9년 미만	10
		6개월 이상~1년 미만	2	9년 이상~10년 미만	11
		1년 이상~2년 미만	3	10년 이상~11년 미만	12
		2년 이상~3년 미만	4	11년 이상~12년 미만	13
		3년 이상~4년 미만	5	12년 이상~13년 미만	14
		4년 이상~5년 미만	6	13년 이상~14년 미만	15
		5년 이상~6년 미만	7	14년 이상~15년 미만	16
		6년 이상~7년 미만	8	15년 이상	17
		7년 이상~8년 미만	9		SOS
총점	84	*본인 청약 가점 점수 = ①+②+③			

출처 : 청약홈

혹시 청약통장 증여라는 것을 들어본적이 있는가? 청약통장 증여는 청약통장을 오래전에 만들어두었고, 예치금도 많이 넣어둔 사람이 상대적으로 청약통장 가입기간이 짧은 사람에게 통장 예치금을 증여하면서 명의도 함께 넘겨주면 이전 명의자가 갖고 있던 통장 가점을 새로운 명의자가 그대로 이어받는 제도를 말한다. 그렇다면 청약통장을 증여받으면 어느 정도의 파급효과가 있을까?

2016년에 통장을 만든 사람이 있다고 가정해보자. 청약가점 산정 기준표에 따르면, 이 사람은 2021년 기준으로 가입기간이 5년이니까 가입기간 5~6년 사이에 들어가 점수는 7점이 된다. 만점이 17점인데, 7점이면 사실상 조금 아쉬운 점수다.

예를 들어 30세에 결혼한 38세 A씨가 미성년 자녀가 2명이고, 2016년에 청약통장에 가입했다면, A씨의 청약가점은 무주택기간 18점+부양가족 20점+청약통장 가입기간 7점=45점이 되므로, 수도권 주요지역에서는 당첨을 기대할 수 없는 수준이 된다. 하지만 1997년에 이미 가입되어 있던 부모의 통장을 증여받는다면 어떻게 될까? 2021년 기준으로 가입기간이 15년 이상이 되니까 점수는 17점 만점이 된다. 즉 A씨의 청약가점은 단숨에 55점이 되고, 경기도에서는 충분히 당첨을 기대해볼 수 있는 수준이 된다.

언제쯤이면 나도 집을 가질 수 있을지 막연한 고민을 하던 사람이, 한순간에 조만간 수도권의 새 아파트에 살 수 있겠다는 희망이 생기는 수준이 되는 것이다. 결국 은행에서 명의를 변경하고, 증여 절차를 마무리하는 데 2일이면 충분하기 때문에 이 제도를 활용하면 불과 이틀 만에 가점 10점을 만들 수 있다는 표현도 결코 과장은 아니다.

청약통장 증여는 모두 가능한 것일까?

우리가 알고 있는 일반 증여는 증여를 해주는 사람이 누구냐에 따라서 공제 내역이 달라질 뿐 누구나 가능하다. 그런데 청약통장 증여는 어떨까? 아쉽게도 원한다고 해서 아무에게나 증여해줄 수는 없다. 청약통장 증여는 연인이나 친척, 그리고 친구처럼 배우자나 나의 직계존비속이 아닌 관계끼리는 성립하지 않는다. 즉 법적으로 부부 사이이거나, 부모가 자식에게 그리고 자식이 부모에게만 가능하다는 뜻이다.

그리고 한 가지 더 알아야 할 것이 있다. 지금이야 주택청약종합저축이라는 이름으로 공공, 민영, 면적 제한 없이 모든 청약에 활용할 수 있지만, 예전에 가입해두었던 청약통장은, 종류에 따라 그 쓰임이 제한적이다. 이 역시도 통장 종류에 상관없이 모두 증여가 가능할까? 이번에도 역시 아쉽게도 모든 청약통장의 명의변경이 가능한 것은 아니다.

과거 청약통장 중에서 증여(명의변경)가 가능한 경우는 크게 3가지다. 첫 번째는 가입자가 사망하면서 통장이 명의변경되는 경우인데, 사실상 이 경우는 상속이라고 봐야 한다. 상속은 통장 종류와 가입기간 상관없이 상속이 가능하다. 그리고 두 번째는 2008년 3월 말 이후로 신규 가입이 중단된 청약저축, 그리고 마지막 세 번째는 2000년 3월 25일 이전에 가입된 청약부금과 청약예금만 증여가 가능하다.

명의변경만 하면 끝?

사실 중요한 것은 지금부터다. 청약통장을 증여받을 때 명의변경만 한다고 모두 끝난 것일까? 여기까지만 알고 있다가는 증여를 받아도 결국 무용지물이 되고 만다. 청약통장을 증여라는 수단을 통해 최종 당첨을 기대하기 위해서는 청약통장 명의변경과 예치금을 증여하는 것은 물론, 반드시 증여를 해주는 사람이 세대주 자격을 상실해야 한다.

여기까지 설명하면 이런 질문이 나올지도 모르겠다. 이미 부모와 분가를 해서 따로 살고 있는 경우라면, 청약통장 증여를 받을 수 없을까? 이 경우는 증여를 해준 사람이 여전히 다른 주택의 세대주이기 때문에 원칙적으로 불가능하다.

그렇다면 이 경우는 어떨까? 아버지와 자식이 같이 살고 있었는데, 아버지가 전출을 가서 아들이 자동으로 세대주가 된다면? 전출한 아버지가 새로운 세대주가 되지 않는다는 가정하에 증여가 가능하다. 그런데 반대로 이번에는 아들이 전출을 나가면 청약통장 증여가 될까? 이 경우는 불가능하다. 이유는 가입자가 여전히 세대주로 남아있기 때문이다. 너무 복잡한가?

아직 경우의 수가 더 있다. 그럼 서로 따로 살던 부모와 자식이 하나의 주택으로 합가를 하는 경우는 어떻게 될까? 합가는 크게 2가지 경우가 있다. 첫 번째는 아들이 아버지 집으로 전입하는 경우라면, 기존 가입자가 세대주이기 때문에 합가와 함께 세대주를 아들로 바꿔주면 가능하다. 두 번째는 아버지가 아들 집으로 전입하는 경우라면, 기존 가입자는 전입과 동시에 세대주 자격을 상실하는 것이기 때문에 통장 명의만 바꾸면 증여가 성립한다. 너무 어렵다면, 딱 본질만 이해하고 있으면 된다. 기존 가입자는 증여와 동시에 세대주 자격을 상실해야 하고, 증여받는 사람은 증여를 받음과 동시에 세대주 자격을 득해야 한다는 것이다.

	가능유무	조건
부모와 자식이 따로 사는 상태에서 부모가 자식에게 증여한 경우	불가능	부모, 자식 모두 여전히 세대주이기 때문임.
부모와 자식이 같이 살다가, 부모가 증여와 동시에 분가하고, 자식이 자동 세대주가 된 경우	조건부 가능	분가한 부모가 새로운 세대주가 되지 않아야 함.
따로 살다가, 자식이 부모 집으로 전입하면서 증여한 경우	불가능	여전히 부모가 세대주이기 때문임.
따로 살다가, 부모가 자식 집으로 전입하면서 증여한 경우	가능	전입과 동시에 부모의 세대주 자격이 상실되기 때문임.

둘 다 가지고 갈 수는 없다

청약통장 증여 목적으로 명의이전을 받으면, 증여를 받는 사람은 통장이 2개가 된다. 이제 어떻게 해야 할까? 답은 둘 중 하나는 포기해야 한다. 그런데 둘 중 하나를 포기해야 한다면, 아무래도 증여를 받는 통장보다 이전에 갖고 있던 통장이 조건이 더 좋지 못할 확률이 높기 때문에, 증여를 받은 통장보다는 당연히 기존에 내가 갖고 있던 통장을 해지하는 것이 훨씬 효율적이다. 청약통장의 예치금 역시 통장이 2개라고 해서 합하는 개념이 아니고, 증여 받는 통장의 예치금만 인정을 받을 수 있다. 공공분양은 예치금 액수가 더 중요하기 때문에 이 부분도 놓치지 말고 알아두어야 한다.

청약통장 증여도 증여세를 내야 할까?

청약통장도 증여라는 제도를 따르기 때문에 이론상으로는 당연히 증여세 과세 대상이다. 청약통장 증여는 직계존비속끼리만 가능하다고 했는데, 여기서부터는 상식선에서 생각을 해보자. 직계존비속은 증여재산 공제금액이 5천만 원까지다. 그리고 청약통장을 20년간 유지했다면, 그 통장은 정말 오래되고 귀한 통장이며, 쓰임새도 굉장히 클 것이다. 그런데 매달 10만 원씩 20년을 넣으면 잔액이 얼마인가? 2천 4백만 원이다. 과연 존재할까 싶지만, 30년을 넣었다고 가정해도 3천 6백만 원이다. 즉 청약통장을 증여해서는 증여재산 공제금액을 넘기가 힘들고, 설령 통장을 증여받는 사람이 미성년자라고 하더라도 과세표준이 되는 산출세액이 크지 않기 때문에 실제 증여세는 없거나, 부담이 적은 수준이라는 것을 알 수 있다.

요즘처럼 청약 인기가 높은 시기가 앞으로도 또 있을지, 지금의 열기가 언제까지 이어질지 개인적으로 참 궁금한 요즘이다. 높은 인기만큼 효과적인 당첨 전략이 필요하고, 청약통장 증여는 좋은 대안이 될 것으로 본다. 다소 복잡한 내용이니, 여러 번 읽어 완전히 내 것으로 만들어두고, 기회가 왔을 때, 슬기롭게 기회를 잡을 수 있기를 바란다.

증여자	증여재산공제금액
배우자	6억 원
직계존속	5천만 원 (단, 증여받는 사람이 미성년자라면 2천만 원까지 인정)
직계비속	5천만 원
기타친족	1천만 원

42

배우자의 퇴직으로 고정수입이 곧 사라지는 1주택자인데 어떻게 할까요?

집을 옮길 수밖에 없는 여러 사유들

필자의 고향은 경상남도 남해군이다. 남해군은 아파트나 빌라 같은 공동주택보다는 단독주택이 주를 이루고, 시골 사람들에게 집은 그저 우리 가족이 편히 쉴 수 있는 물리적 공간 그 이상의 개념이 아니다. 집을 재테크 수단으로 생각하지도 않는다. 시간이 흘러도 가치 변화가 없기 때문이며, 저렴하고 넓은 땅에 적은 인구가 사는 곳에서 나타나는 자연스러운 현상이다. 특별히 집을 옮겨야 할 필요도 없으니, 한 집에서 몇십 년간 거주하는 사람들도 많다.

그런데 도시, 그중에서도 서울 및 수도권은 상황이 완전히 다르다. 비싸고 좁은 땅에 많은 인구가 몰려 사니 단독주택보다는 빌라나 아파트, 그중에서도 땅의 활용도를 극대화할 수 있는 아파트가 주를 이루고 선호도가 높아, 거래도 꾸준하며, 시간이 흐를수록 가치가 점점 오른다.

더욱이 도시는 가족 구성에 따라 필요한 집이 다르다. 시골에서 혼자 올라와 결혼 전까지는 사실상 넓은 집이 필요 없다. 그러다가 결혼을 하고 자녀가 생기며, 자녀가 성장해서 각자의 공간이 필요한 나이가 되면 가장 큰 집이 필요하다. 훗날 자녀가 장성해 결혼을 하고 분가를 하면, 자녀가 한참 성장해서 결혼 전까지 함께 살던 공간이 필요 이상으로 넓고, 과도한 관리비 지출의 주된 원인이 되고 만다. 결국 노년에는 다시 그보다 면적이 작은 집이 필요하다. 더욱이 노년에는 고정수입마저 사라지는 것이 대부분이다. 이 과정에서 기존에 불필요한 넓은 집을 줄이면서, 노후 생활에 필요한 자금을 마련하고, 동시에 불필요한 세금을 줄일 수 있는 현실적인 전략이 필요한 것이다. 상황별로 구체적인 전략을 세워보자.

그 동네에 계속 살아야 할 이유가 있는 경우

비록 넓은 집은 필요 없지만, 생활 터전을 떠날 수 없는 경우가 있다. 자녀와 가까운 곳에 살면서 자녀의 육아를 도와야 하거나, 그동안 그 지역에서 꾸준히 해오던 대외 활동 및 종교 생활을 하루아침에 끊을 수 없어 거주지 이동이 힘들 수도 있다. 이 경우에는 기존에 살던 중대형 평수의 아파트를 처분하고, 같은 단지 내 소형 평수를 매수한 후, 차액으로 공시가 1억 원 미만의 원룸형 오피스텔 같은 수익형 부동산을 1채 매수하는 것이 가장 이상적이다. 만약 자금이 부족하다면, 세입자의 보증금 비중을 높여 충당하면 된다. 이 방법은 당장 2주택으로 인한 취득세 중과를 피할 수 있으면서, 매달 정해진 수입을 얻을 수 있다. 되도록 지렛대로 활용할 세입자의 보증금의 크기를 고려해 월세 비중을 높이되, 실제 임대조건은 인근 중개사무소에 문의해 적정 수준으로 임대하면 꾸준히 공실위험 없이 유지할 수 있다. 만약 기존에 살던 면적이 소형 평수라면, 같은 지역 내 입지가 조금 더 열악한 다른 아파트의 소형 평수를 선택하고, 역시 차액으로 수익형 부동산을 보유하는 것도 좋다. 같은 지역 내에서 지금 사는 아파트보다 역에서 길을 하나 더 건너야 하거나, 공원을 접하지 못하고 있거나, 약간 비탈진 곳에 있거나, 학교와 거리가 먼 아파트는 가격이 더 저렴할 것이다. 만약 1주택 상태에서 노년에 은퇴를 앞두고 새 거주지와 노후생활자금이 필요한 경우라면, 이 중에서 학교와 거리가 먼 아파트를 선택하는 것이 좋다. 다른 조건은 모두 은퇴한 후에도 생활에 필요한 요소들이지만, 당장 학교가 먼 곳은 생활에 불편함은 없으면서, 가격은 저렴한 대체 주택을 고를 좋은 후보가 된다.

동네를 떠나도 생활에 전혀 지장이 없는 경우

만약 그 동네에 계속 살아야 할 특별한 이유가 없고, 다른 지역으로 이동해도 상관없다면, 조금 더 효과적인 전략을 세울 수 있다. 기존에 살던 중대형 평수의 아파트를 처분하면서, 한 단계 정도 하급지로 이동해 소형 평수 아파트를 매수한다. 하급지로 이동하면서 한 번, 주택 면적을 줄이면서 또 한 번, 여유 자금을 더 많이 마련할 수 있다.

2021년 9월 기준으로, 경기도 주요지역의 30평대 아파트가 대략 9억 원 전후를 형성하고 있고, 같은 지역의 20평대가 7억 원, 한 단계 하급지의 20평대가 5억 원 전후를 형성하고 있는 것을 감안하면, 경기도 주요지역에서 30평대 아파트를 처분하고 하급지로만 이동해도, 여유 자금이 4억 원 가까이 생기는 셈이다.

그리고 이 자금을 둘로 나눈다. 둘로 나누는 비율은 1.5 대 1.5 보다는 2 대 1로 하는 것이 좋다. 그중 2로는 인근에 세입자의 전세 보증금을 끼고 시세차익을 기대할 수 있는 아파트를 매수한다. 그리고 나머지 1로는 앞서 언급한 대로 공시가 1억 원 미만의 원룸형 오피스텔을 매수해 매달 수익이 들어올 수 있도록 한다. 불가피하게 2주택 취득세 중과는 피할 수 없지만, 표면적으로 2주택 상태로 만들어 최대한 세금이 나가는 것을 막을 수 있으며, 당장 매달 월수입을 얻을 수 있고, 미래 가치까지 동시에 실현할 수 있는 효과적인 전략이다. 물론 자금을 2등분이나 3등분으로 나눠 모두 공시가 1억 원 미만의 수익형 부동산을 매수해 월세를 받아도 좋다. 이 경우는 역시 2주택 취득세 중과를 피할 수 있고, 매달 들어오는 수익을 늘릴 수 있다. 하지만 당장 눈앞에 보이는 월세보다, 아파트의 시세상승에 의한 수익이 훨씬 크다는 것은 앞서 필자가 충분히 설명했다. 얻는 것이 있으면, 반드시 잃는 것도 있으니, 어떤 전략이 나에게 더욱 효과적일지 스스로 판단해서 결정해야 한다.

목돈을 손에 쥐고 있으면 안 된다

기존의 넓은 평수의 집을 처분하고, 소형 평수로 이동하고 나서 남은 차액을 그대로 생활자금으로 쓰는 경우도 적지 않다. 물론 심사숙고해 내린 결정이겠지만, 필자라면 이 방법은 권유하고 싶지 않다. 쌓아두고 쓰는 돈은 날개를 단 듯 사라지며, 미래를 기대할 수 없기 때문이다. 지금은 100세 시대이고, 60세 전후에 은퇴한다. 산술적으로 무려 40년을 더 살아야 하는데, 정해진 수입 없이 쌓아둔 돈을 쓰면서 앞으로 40년을 더 산다는 것은 매우 위험한 생각이다. 억 단위의 큰돈을 통장에 그냥 두는 것도 비효율이지만, 아무리 큰돈도 쌓아 놓고 쓰다 보면, 어느새 별로 한 것은 없는데 상당한 돈이 사라지고 없다. 청장년기든, 노년기든 부동산의 보유 형태만 달라질 뿐, 본질은 변하지 않는다. 돈은 상황에 따라 형태를 달리하더라도, 항상 시장에서 돌아가도록 해야 한다.

주변에 대규모 신도시가 들어오면,
공급과잉으로 집값이 떨어진다? vs
주변 환경이 좋아져서 내 집값은 더 오른다?

과거 사례로 미래를 예측한다

내 집 갖기를 희망하는 사람들은 온 가족이 누구의 눈치도 보지 않고, 편하게 쉴 수 있는 공간을 원하는 1차적인 목적이 있지만, 궁극적으로는 내가 거주하는 집도 꾸준히 가치가 상승하기를 기대한다.

앞서 필자가 큰 틀에서는 아직도 서울 및 수도권 부동산 시장에는 집값을 오르게 할 요인은 많은 반면, 하락하게 할 요인은 보이지 않는다고 설명했지만, 주변에 대규모 신도시가 예정된 지역은 이에 대한 경각심을 갖고 올바른 판단을 할 수 있도록 준비하고 있어야 한다.

그렇다면 과거 사례는 어땠을까? 주변에 대규모 신도시가 들어왔을 때, 공급과잉으로 주변 집값이 계속 조정을 받았을까? 아니면 주변 환경이 좋아져서 내 집도 함께 올랐을까?

다음 그래프를 보자. 다음 그래프는 지난 2017년 중순부터 2020년까지 활발히 입주를 했던 다산신도시 인근 구도심에 속한 두 아파트의 과거 7년간 시세변동 추이를 본 것이다. 참고로 빨간색 동그라미 부분이 다산신도시의 입주가 집중되었던 시기며, 2021년 9월 현재, 공급 및 입주는 거의 막바지 단계에 있다.

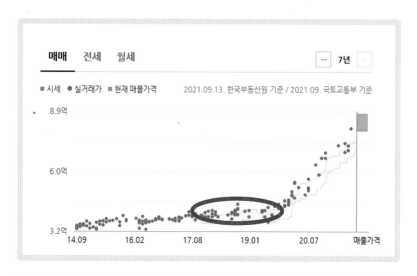

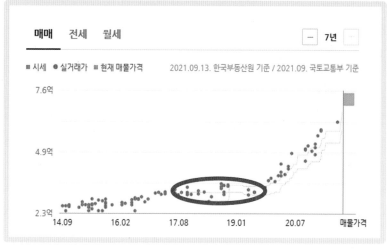

출처 : 네이버 부동산

　　그래프를 보면, 두 아파트는 거의 동일한 패턴으로 가격이 변동하고 있음을 알 수 있다. 대규모 신도시 바로 인근에서 거의 같은 생활권을 공유하고 있으니 너무나도 당연한 현상이다. 두 아파트의 시세 변동 추이를 보면, 다산신도시의 입주가 활발했던 2017년 중순부터

2020년 초까지 소폭이나마 꾸준히 오르는 가격이 정체되었던 것을 알 수 있다.

다산신도시는 무려 3만 2,000여 가구가 쏟아졌지만, 주변 아파트 가격의 조정 폭은 그다지 크지 않았다. 그리고 주요단지의 입주가 어느 정도 마무리된 2020년 초중반쯤부터는 본격적으로 상승세에 접어들었다. 이후로는 정부의 무분별한 부동산 정책과의 시너지로 가격이 폭등한 것을 알 수 있다.

비슷한 시기에 조성되었던 동탄2신도시나 위례신도시 주변도 각 신도시의 입주시점에 따른 시간 차에서 오는 약간의 오차만 있을 뿐, 큰 틀에서는 유사한 경향을 보였다. 표준편차를 줄이는 차원에서 스스로 찾아서 비교해보면, 좋은 공부가 될 것이다.

결국 과거 사례를 보면 주변 대규모 신도시가 활발히 입주할 때는 어쩔 수 없이 조정을 받고, 전체 입주물량이 얼마나 되느냐에 따라 조정기간도 유동적이지만, 입주를 완료한 후에는 좋은 인프라와 그 외 부수적인 요인들에 힘입어 다시 상승세가 이어질 것이라고 조심스럽게 예상할 수 있다.

세밀한 분석을 하기 전에 먼저 확인해야 할 것은?

지금까지는 과거 사례를 통해 이론에 입각한 대략적인 설명을 한 것이고, 이제부터 실거주자 관점과 투자자 관점으로 구분해 조금 더 세밀한 전략을 세워보도록 하자. 올바른 분석이 되려면 먼저 내 집이 있는 지역과 주변 대규모 신도시와의 입지적 우열을 판단할 수 있어야 한다. 보다 세밀한 입지적 우열은 추가적인 절차가 필요하지만, 여기서는 초보자도 간단히 비교할 수 있는 방법을 정리한다.

> **셀프 입지 분석방법**
>
> 1. 내 집이 있는 지역 경계와 대규모 신도시가 들어올 지역 경계에서 서울 업무중심지까지의 직선거리를 각각 측정한다.
> 2. 실제 운행되고 있거나, 계획된 철도노선이 있는지 확인한다.
> 3. 노선이 있다면, 대표적인 고속전철 노선인 GTX, 신분당선, 신안산선 인지 확인한다.
> 4. 고속전철 노선이 직결되지 않았다면, 1~2정거장 이동으로 환승이 가능한지 확인한다.

자, 이제 해석해보자. 만약 내 집이 있는 지역이 주변 대규모 신도시와 같은 노선을 공유하고 있다면, 서울과 더 가까운 곳이 우위에 있다. 만약 공유하는 노선이 다르다면, 고속전철 노선이 연결된 지역이 일반 노선이 연결된 지역보다 우위다. 그리고 두 지역 모두 고속전철 노선에 직결되지 않았다면, 조금이라도 더 쉽게 환승할 수 있는 지역이 우위다. 마지막으로 같은 노선을 공유할 경우 이미 개통된 구간이 예정된 구간보다 우위다. 대략 이런 기준을 갖고 내 집이 있는 지역과 주변 신도시와의 입지적 우열을 스스로 판단해보자.

실거주자는 이렇게 대비하자

주변 신도시와의 입지적 우열을 판단했는가? 그렇다면 이제부터 본격적으로 실거주 관점과 투자자 관점으로 구분해서 보다 세밀하게 집값 변동을 예측해보자. 만약 내 집이 있는 지역이 주변 대규모 신도시보다 입지적 우위라면, 과연 자신이 살던 집을 팔고 입지가 열세인 주변 신도시로 이동을 할까? 일단 3기신도시를 포함한 기타 택지지구는 공공분양 물량이 압도적으로 많고, 공공분양에는 무주택자만 청약이 가능하다. 즉 이미 주변 신도시보다 입지적 우위에 있는 지역에 내 집을 갖고 있는 사람은 애초부터 청약자격이 되지 않는다. 물론 후에 분양하는 민영주택에 1주택 처분 조건으로 청약이 가능하지만 과연 더 좋은 지역에 있는 집을 버리고, 다시 1주택자 상태로 하급지로 이동하는 경우가 얼마나 될까? 따라서 주변 신도시보다 입지가 좋은 지역에 집을 가진 사람은 주변 택지지구로 이동하는 경우가 극히 드물 것이고, 매물 역시 쏟아져 나올 가능성도 적다. 시장에 매물이 흔해져야 가격도 떨어지는데, 그럴 확률이 없으니 주변 택지지구에 많은 주택을 공급해도 실제 매매가에는 큰 타격을 줄 확률이 적은 것이다.

투자자라면 관점을 조금 달리해야 한다

그런데 투자자 관점에서 보면 어떨까? 투자자는 조금 달리 생각할 수 있어야 한다. 앞서 필자가 3기 신도시와 기타 택지지구는 공공분양이 압도적으로 많고, 공공분양은 무주택자만 청약이 가능하다고 했다. 투자자가 보유한 집에는 당연히 세입자가 살 것이고, 이 세입자는 아마도 상당수 무주택 상태로 주변 신도시에 입주를 목표로 청약을 준비하거나, 실제로 도전을 할 것이다. 이들 중에서 상당수는 당첨이 될 것이고, 입주시기에 맞춰 주변 신도시로 이동하면서 대량의 전세 매물이 쏟아질 것을 예상할 수 있다.

전세로 들어오려는 사람은 없고, 나가는 사람만 있는 상태에서 시장에 전세 매물이 단시간에 많이 쌓인다면 어떻게 될까? 시장에 전세 매물이 넘쳐나니 전세가가 하락하는 것은 당연한 현상이고, 만약 새로운 세입자를 구하더라도 이전 세입자의 보증금보다는 낮을 가능성이 높으니 추가로 대출을 받거나, 경우에 따라서는 집을 팔아야 할 수도 있다. 즉 실거주 매물은 시장에 거의 나오지 않지만, 투자자가 보유한 매물이 상당수 나오면서 전세가 하락과 함께 입주가 완료되거나 투자 매물이 소진되기 전까지는 매매가도 일시적으로 소폭 하락할 가능성이 있다.

물론 매매가는 투자 매물이 소진되는 대로 반등하겠지만, 갭 차이가 벌어져서 그만큼 매수수요를 끌어오기가 한동안 힘들 수 있으니, 본격적인 입주물량이 쏟아지기 전에, 한발 앞서 처분하거나, 여유 자금으로 매수했다면, 주변 신도시가 입주를 마무리할 때까지 기다리는 전략을 생각해볼 수 있다. 그러나 조금이라도 중간에 투자 자금을 회수해야 할 가능성이 있다면, 한발 앞서 처분하는 쪽을 택하는 것도 좋다.

내 집이 있는 지역이 입지적 열세라면?

만약 내 집이 있는 지역이 주변 신도시보다 입지적 열세에 있다고 판단된다면, 조금 더 많은 고민을 해야 한다. 이유는 실거주자와 세입자 모두 주변 신도시로 상당한 수요를 뺏길 가능성이 크기 때문이다. 만약 내 집이 있는 지역이 주변 대규모 신도시보다 입지적 열세라면, 입지도 좋고, 가격도 저렴한 주변 신도시로 자신이 살던 집을 팔고 이동하려고 할 것이다. 주변 열세에 있는 지역에서는 신도시의 공공분양이 마무리되는 대로, 민간분양에 1주택 처분 조건으로 추첨제 청약을 적극적으로 노릴 가능성이 크다. 그리고 애초부터 청약에 도전하지 않고, 주변 신도시에 본격적인 입주가 시작되기 전에 적극적으로 팔고 다른 지역으로 이동하는 수요도 만만치 않을 것이다.

　주변 신도시보다 입지적 열세에 있는 지역은 주변 신도시로 이동하려는 실거주자와 입주시기에 맞춰 다른 지역으로 이동하는 실거주자까지 더해져서 시장에 매물이 대량으로 나올 가능성이 크다. 매물이 흔하면 흔할수록 가격 하락 폭도 크고 조정기간도 길다. 주변 신도시보다 입지적 열세인 지역에도 신도시 청약을 노리는 세입자가 많다는 것도 절대 간과해서는 안 된다. 이 세입자들도 상당수는 무주택 상태로 주변 신도시에 입주를 목표로 청약을 준비하거나, 실제로 도전을 할 것이다. 역시 상당수는 당첨이 될 것이고, 입주시기에 맞춰 주변 신도시로 이동하면서 대량의 전세 매물이 쏟아질 것을 예상할 수 있다. 전세로 들어오려는 사람은 없고, 나가는 사람만 있는 상태에서 시장에 전세 매물이 단시간에 많이 쌓이는 현상이 발생하면, 새로운 세입자를 구하더라도 이전 세입자의 보증금보다는 낮을 가능성이 높으니 추가로 대출을 받거나, 경우에 따라서는 집을 팔아야 할 수도 있다. 입지적 열세에 있는 지역에 집을 보유하고 있다면, 더욱 긴밀한 대처가 필요하다. 신도시보다 입지적 우위였던 지역은 투자자가 보유하던 매물이 시장에 약간의 어려움을 줄 수 있는 정도지만, 입지적 열세인 지역은 거기에 실거주로 보유하던 매물까지 생각해야 한다. 자신이 집을 가진 지역이 주변 신도시에 비해 입지는 어떤지 냉정하게 판단하고, 주변 개발 진행 상황을 수시로 체크해서, 한발 앞선 계획을 세우는 지혜가 필요하다. 자칫 타이밍을 놓치면, 오랜 조정기에 자금이 묶이고, 거래도 되지 않는 난처한 상황에 처할 수 있다.

44

내 집 마련을 했다면, 반드시 알아야 할 일시적 1가구 2주택

일시적 1가구 2주택 성립 요건

우리가 알고 있는 일시적 1가구 2주택은 3가지 형태로 살펴볼 수 있다. 첫 번째는 비규제지역에서 기존 주택을 팔고, 새로운 주택을 사서 전입하는 경우다. 두 번째는 주택 하나는 조정대상지역, 그리고 다른 하나는 비규제지역에 속해 있으면서 기존 주택을 팔고, 새로운 주택을 사서 전입하는 경우다. 마지막 세 번째는 두 주택 모두 조정대상지역에 속하고, 기존 주택을 팔고, 새로운 주택을 사서 전입하는 경우 이렇게 총 3가지 경우를 들 수 있다.

일시적 1가구 2주택의 기본 골자는 기존 주택을 먼저 1주택 양도소득세 비과세 요건을 충족한 후에, 새 주택을 매수하고 이동하는 과정에서, 비규제지역에서 비규제지역으로, 비규제지역에서 조정대상지역으로 이동하는 경우는 3년, 조정대상지역에서 조정대상지역으로 이동하는 경우는 1년간의 유예기간을 준다는 것이다.

여기서 주목할 점은, 기존 주택의 1주택 양도소득세 비과세 요건을 모두 충족한 후에 새 주택을 매수할 필요는 없다는 것이다. 유예기간도 비과세 요건 충족기간으로 인정해주니, 빨리 새 주택으로 이동해야 할 필요가 있다면, 각 경우에 따라 주어지는 유예기간을 보유 및 거주기간에 합산해서 계산해도 정상적으로 혜택을 누릴 수 있다.

일시적 1가구 2주택 성립 조건

1. A주택 매수
2. 1년 후, B주택 매수
   (1주택 양도소득세 비과세 요건을 충족하지 못했다면, 충족할 때까지 보유 후 B주택 매수)
3. B주택 매수 후, 3년 이내에 A주택 매도
   A주택에 대해서는 양도소득세 비과세
   (조정대상지역 내 1년 이내 A주택 매도)

유예기간이 연장되는 경우도 있다

그런데 다음 경우를 보자. 두 주택 모두 조정대상지역에 속해 있기 때문에 이 경우는 먼저 A주택을 매수하고 1년 후에 B주택을 매수하고 B주택을 매수한 뒤 1년 안에 A주택을 매도하면, A주택에 대해서는 양도소득세가 비과세되는 것까지는 누구나 쉽게 알 수 있다. 그런데 B주택에 현재 임차인이 있다. 즉 이 경우는 아직 임대차존속기간이 1년 7개월이나 남아 있어 일시적 1가구 2주택 유예기간 안에 입주를 하고 싶어도 입주를 못하는 경우다. 더욱이 계약갱신청구권까지 사용해 2년을 더 연장할 가능성도 있는 상태다.

1. 조정대상지역 A주택 매수
2. 1년 후, 조정대상지역 B주택 매수
3. B주택에 세입자 거주
   (임대차 존속기간 1년 7개월 남아 있음, 계약갱신청구권 미사용)

이런 경우는 어떻게 해야 할까? 이 경우는 비록 유예기간을 초과한다고 하더라도, 임차인의 임대차존속기간이 만료될 때까지는 유예기간을 연장시켜주며, 최대 2년까지 연장이 가능하다. 그런데 만약이 상황에서 임차인이 계약갱신청구권을 행사하면 어떻게 될까? 2년을 추가 연장해줘야 할까? 그렇지는 않다. 임차인에게 2년간 계약을더 연장할 권한이 있지만, 집주인의 실거주 의사가 우선한다. 따라서임차인이 계약갱신을 요구해도, 실거주 의사를 다시 통보하면, 세입자는 퇴거해야 하고, 세입자 퇴거일에 맞춰 입주하면 일시적 1가구 2주택 조건은 그대로 인정된다. 만약에 새로 들어갈 집으로 마음에 드는 집을 골랐는데 마침 임차인이 있다면, 유예기간을 신경 쓰지 말고임차기간이 만료될 때까지는 일시적 1가구 2주택이 계속 성립한다고기억하면 된다.

일시적 1가구 2주택은 최종 남은
2개 주택과의 관계만 따진다

일단 일시적 1가구 2주택만 성립한 상태에서 중간에 주택을 여러번 사고팔면 기존 주택의 양도소득세 비과세 요건은 소멸될까? 다음 경우를 보자.

---

1. 경기도 가평군 소재 A주택을 2016년 1월에 매수
2. 2019년 1월에 서울특별시 소재 B주택을 매수
3. 경기도 가평군은 비규제지역이니, 2022년 1월까지 일시적 1가구 2
   주택이 인정
4. 그런데 C주택을 유예기간 중인 2019년 2월에 매수
5. 다시 2021년 6월에 매도
   과연 A주택과 B주택의 일시적 1가구 2주택 관계는 어떻게 될까?

복잡한가? 하지만 이 역시 일시적 1가구 2주택의 본질만 이해하고 있다면, 결코 어렵지 않다. 예시대로라면 일단 C주택은 A주택과 B주택이 일시적 2주택이 성립된 상태에서 사고팔았다. 물론 C주택은 3주택 중과세율을 적용받아 적절한 세율로 과세되었을 것이다.

정확한 판단을 위해서는 B주택 유예기간 만료시점에 현재 주택을 몇 채 소유하고 있는지 확인하면 된다. 2주택인가? 3주택인가? B주택 유예기간 만료시점에서 보면, C주택은 이미 팔고 없으니 엄연히 2주택 상태다. 즉 일시적 1가구 2주택 유예기간 만료시점에서 봤을 때 남은 주택 수가 2주택이고, 유예기간이 남아 있다면, 중간에 아무리 많은 주택을 사고팔아도 여전히 A주택에 대해서는 양도소득세가 비과세된다는 것이다. 이상 일시적 1가구 2주택 양도소득세 비과세 조건에서 생각할 수 있는 경우의 수를 모두 생각해봤다.

이 조항은 단순히 기존 주택의 양도소득세 절세 의미를 넘어, 다양한 매도전략의 수단으로 활용할 수 있다. 미리 기본개념을 익혀두

고, '아무도 가르쳐준 적 없는 특급 매수 및 매도 전략'에서 보다 심도 있는 매수, 매도 전략을 배워보자.

45

양도소득세 절세는
필요경비와의 싸움

양도소득세 절세 포인트는?

양도소득세를 어떻게 계산하는지 그 구조를 알면, 양도소득세의 절세 포인트가 보인다.

우리가 부동산을 매도할 때 발생하는 양도소득세는 먼저 양도하면서 받는 매매대금에서 처음 취득할 때 줬던 매매대금을 빼주면 실제 양도차익이 되고, 거기에 각종 필요경비나 장기보유특별공제를 추가로 빼주면서 최종 양도소득금액이 된다. 거기에 기본으로 공제되는 250만 원을 공제해주면 그 결과값이 과세표준이 되고, 적절한 세율을 곱해서 내가 납부하게 될 양도세의 실제 산출세액이 나오는 구조다. 그렇다면 결국 양도소득세를 줄이기 위해서는 다음 표에 V자로 표시된 항목을 늘려야 과세표준이 줄어들어서 세금을 적게 납부할 수 있는데, 그중에서 양도소득기본공제는 부동산의 종류와 상관없이 일괄적으로 250만 원을 공제해주기 때문에 납세자가 임의로 조절할 수 없다.

물론 장기보유특별공제도 보유기간을 늘려 절세가 가능하다. 하지만 사람 일이라는 것이 당장 내일 일을 알 수 없듯이, 몇 년 더 보유하려고 계획했다가, 급한 사정이 생겨 지금 당장 집을 팔아야 할 수도 있다. 그리고 주택을 2채 이상 소유한 사람은 현행 세법상 장기보유특별공제를 인정하지 않고 있기 때문에 역시 절세수단으로 적극적으로 활용하기에는 무리가 있다.

양도가액	
(-) 취득가액	
= 양도차익	
(-) 필요경비	V
(-) 장기보유특별공제	V
= 양도소득금액	
(-) 양도소득기본공제	V
= 과세표준	
(×) 세율	
= 산출세액	

그렇다면 절세 포인트는 무엇일까? 결국 지금 당장 양도소득세를 절세할 수 있는 방법은 필요경비로 인정되는 항목이 어떤 것이 있고 무엇을 챙겨두면 되는지가 관건이 될 것이다. 그런데 실제 필요경비에 포함되는 항목과 그렇지 않은 항목을 명확하게 구분하는 사람이 많지 않다.

필요경비로 인정되는 항목을 반드시 챙겨두자

먼저 필요경비로 인정이 안 되는 항목을 보자. 전반적으로 집수리에 들어간 비용이 해당되는데, 수리비 중에서도 벽지나 장판 교체비용, 보일러 수리비용, 방문 및 창문이나 조명을 교체했던 비용 그리고 싱크대, 유리, 타일을 교체한 비용은 필요경비로 인정되지 않는다. 반면에 거실을 터서 방을 확장하면서 발생한 비용이나, 보일러를

수리한 비용이 아니라, 아예 통째로 교체한 비용, 그리고 방문이나 창문을 덮을 수 있는 방범창 설치비용은 필요경비로 인정이 된다. 그런데 여기서 특이한 것이 있다. 다른 것은 모두 수리비용은 안 되고, 교체비용만 인정이 되는데, 싱크대는 반대다. 싱크대는 교체비용은 인정이 되지 않지만, 고장을 수리한 비용은 인정이 된다. 추가적으로 디지털 도어락을 설치한 비용도 역시 필요경비로 인정이 된다고 알아두면 좋다.

인정되는 항목	인정되지 않는 항목
방, 거실 확장 공사비용	벽지, 장판 교체비용
보일러 교체비용	보일러 수리비용
방범창 설치비용	문짝, 조명 교체비용
싱크대 공사비용	싱크대 교체비용
디지털 도어락 설치비용	유리, 타일 교체비용

개념으로 이해하기보다는 항목을 외워두는 것이 좋다

필요경비로 인정되는 항목의 공식적인 의미는 부동산의 가치를 높이는 데 들어간 비용이다. 이론대로라면 고장이 난 것을 수리하는 것은 필요경비에 해당되지 않지만, 싱크대의 경우를 보면, 오히려 교체비용보다는 공사비용을 인정하는 예외도 있다. 따라서 필요경비의 개념을 머릿속으로 이해하고 있기보다는 아예 항목을 외워두고 그에 맞는 현금영수증이나 카드명세서 등을 미리 챙겨두는 것이 좋다. 그 외에 취득세와 양도소득세 납부 영수증, 취득세와 양도소득세를 내면서 선임했던 법무사와 세무사 선임 비용, 해당 부동산의 매매와 관련

된 공인중개사 중개보수, 그리고 경매로 낙찰을 받은 부동산이라면 명도에 들어간 비용, 그리고 부동산의 소유권을 취득하거나 유지하는 과정에서 발생한 각종 소송비용 및 변호사 선임비용도 필요경비로 인정이 된다.

땅을 사서, 집을 새로 짓는 경우라면?

농지나 임야를 매수한 뒤, 전용허가를 얻어 전원주택을 짓는 경우도 많다. 이 경우는 어떨까? 지목이 전, 답, 과수원을 대지로 지목을 변경하는 데 들어간 비용, 토지를 평평하게 만들거나(정지), 임야를 깎는 경우(절토), 그리고 논에 흙을 쌓아서 주변 도로와 높이를 같게 만드는 비용(성토)도 필요경비로 인정된다. 그리고 토지 면적이 넓으면 일부만 잘라서 매도할 수도 있다. 이때는 토지를 분할할 때 들어간 비용이나 확실한 경계를 확인하려고 측량을 했던 비용까지 모두 필요경비로 인정된다. 물론 토지 역시 부동산이기 때문에 취득이나 양도 단계에서 들어가는 각종 비용도 주택과 같이 필요경비로 인정받아 양도소득세를 절세할 수 있다. 사실상 일반인이 양도세의 필요경비를 명확하게 구분하고 그때그때 관련 서류를 챙겨두는 것이 생각보다 쉽지 않다. 현금영수증을 한참 뒤에 요청할 수도 있지만, 내 집을 중개하고, 수리했던 업체들이 폐업을 하면, 영수증을 챙기는 것이 사실상 불가능하다. 따라서 미리 체크해두고, 사전에 준비하는 성의가 필요하다. 미리 챙겨둔 현금영수증 하나가, 훗날 몇백만 원, 몇천만 원의 양도소득세를 절세하는 중요한 증빙자료가 됨을 잊지 말아야 한다.

46

더 오를 것 같은데 계속 보유한다 vs
일시적 1가구 2주택 유예기간 내에 판다

일시적 1가구 2주택 양도소득세 비과세 혜택을
왜 주는 것일까?

현행 세법상 2주택자는 세율이 중과세되고, 장기보유특별공제 혜택을 받지 못하는 등 상당히 많은 세금 부담을 안게 되지만, 일정한 조건을 충족한 일시적 1가구 2주택 상태에서는 예외적으로 기존 주택에 대해서는 양도소득세 비과세 혜택을 주고 있다. 왜 이런 제도가 있는 것일까? 곰곰이 생각을 해보자. 주택 1채만 소유한 사람이 직접 실거주하고 있다가, 개인사정으로 다른 지역으로 이사를 가려고 할 때, 기존에 살던 집을 먼저 팔고 새로운 집을 구하는 경우가 많을까? 아니면 새로운 집을 먼저 구하고 나서, 기존에 살던 집을 후에 파는 경우가 많을까? 이 물음에 대한 답은 부동산에 대한 지식이 없어도 누구나 쉽게 알 수 있다. 하루아침에 온 가족이 길바닥에 나앉을 각오가 아니라면, 새로 이사 갈 집을 먼저 구하는 것이 상식이다.

그런데 큰돈이 오가는 부동산 거래는 돈의 크기 자체도 문제지만, 통상 계약금, 중도금, 잔금 형태로 나눠서 지불하기 때문에 살던 집을 파는 일정과 새로운 집을 사는 일정을 오차 하나 없이 딱 맞추기가 거의 불가능하다.

따라서 기존에 살던 집이 1주택 양도소득세 비과세 요건을 충족했다면, 새로 이사 갈 집을 마련한 후에, 여유 있게 처분하고, 새집으로 입주하기 위한 마지막 잔금을 마련할 수 있도록 유예기간을 주는 것이다.

현행 세법상 비규제지역에서 다른 비규제지역으로 이사를 가거나, 비규제지역에서 조정대상지역으로 이사를 하는 경우는 3년, 조정대상지역에서 다른 조정대상지역으로 이사 하는 경우는 1년간의 유예기간을 인정하고 있다.

집값이 더 오를 것 같은데 어떡하죠?

그런데 문제는 일시적 1가구 2주택 조건을 맞춰 기존 집을 팔자니 앞으로도 더 오를 것 같아 망설이는 사례가 상당히 많다는 것이다. 예정대로 조건을 충족하고 기존 주택의 양도소득세를 비과세받을 것인지, 아니면 기왕 2주택 상태가 되었으니 투자 형태를 유지할지를 고민하는 것인데, 어느 방향을 선택하든, 필자는 이런 고민을 한다는 것 자체가 매우 긍정적이라 격려하고 싶다.

그렇다면 어떤 쪽을 선택하는 것이 더 효율적일까? 제대로 된 판단을 내리기 위해서는 객관적인 세금의 크기와 향후 기대수익의 크기를 예측하고 비교할 수 있어야 한다.

일시적 1가구 2주택의 파급효과는 실로 엄청나다

두 방향 중 어느 것을 선택할지의 핵심은 기대수익과 세금의 크기다. 결국 둘 중에서 더 큰 것을 선택해야 하는데 이제부터는 자세히 두 경우를 비교해보자.

조정대상지역에 있던 A주택은 1주택 양도소득세 비과세 요건을 충족했으며, 양도차익은 2억 원이라고 가정한다. 만약 새롭게 B주택을 매수하고, 1년 이내에 A주택을 팔면, A주택의 양도차익 2억 원은 전면 비과세된다는 것이 이론이다. 그렇다면 A주택의 양도소득세 비과세 혜택을 포기하는 데 대한 실익이 있으려면 얼마의 기대수익이 더 필요할까? 아마도 이 질문을 받은 사람 중 상당수는 비과세 대상이 될 수 있었던 2억 원을 초과하는 수익을 기대할 수 있다면, 충분히 더 보유할 가치가 있다고 생각할 것이다.

하지만 여기까지만 생각했다면, 그건 1차원적인 생각이다. 현행 세법상 2주택자의 첫 번째 매도 주택은 필연적으로 양도차익의 절반 이상은 양도소득세로 납부해야 한다. 즉 앞으로 A주택이 2억 원이 더 올라, 양도차익이 4억 원이 된다고 하더라도, 실제 양도차익은 2억 원 정도로, 비과세 혜택을 받는 것과 같은 상황이거나, 오히려 소폭 손해를 보는 상황이 발생한다.

만약 2억 5천만 원이 올라, 총양도차익이 4억 5천만 원이 되면 그나마 이득을 본 것이라 생각할 수 있을까? 이마저도 확실히 비과세 혜택을 받는 것보다 무조건 나은 상황이라고 속단할 수 없다. 이유는 2억 5천만 원이 더 오르는 데 걸린 시간과 그동안의 물가상승률 및 화폐가치 변동, 보유세 등을 종합적으로 따져봐야 하기 때문이다.

2억 5천만 원이나 향후 기대수익이 예상되더라도, 그동안 시간은 시간대로 흘렀고, 오른 시세차익은 거의 대부분 세금으로 나가는 상황인 것이다. 지금 예로 만든 상황은 서울 및 수도권 평균 양도차익에도 미치지 못하는 2억 원을 기준으로 설명했다. 즉 1주택을 보유하면서 발생한 양도차익이 크면 클수록, 일시적 1가구 2주택 양도소득세 비과세를 포기하고 2주택 상태가 되는 것이 더 효율적이지 못할 가능성이 높다고 볼 수 있다.

47

집이 있든 없든, 반드시 알아야 할 임대차 3법, 상황별 대처방법은?

내 집 마련에 앞서, 임대차 3법을 알아야 하는 이유

임대차 3법은 가장 먼저 보호해야 할 약자는 전혀 보호하지 못하고, 오히려 부작용만 속출하고 있기 때문에 사실상 실패한 정책이라는 비판이 많다. 하지만 법안이 통과되었고, 실제로 정책이 시행되고 있는 이상, 법의 문제점을 따지며 비판만 하기보다는, 주어진 법의 테두리 안에서 가장 슬기로운 대처방법을 찾는 것이 현명하다. 구체적인 대처방법을 확인하기 전에, 임대차 3법이 무엇인지 간단하게 정리해보자.

전월세상한제	계약갱신할 경우, 임대료 상승폭 5% 이내로 제한 지자체가 5% 이내 상한으로 결정할 경우 그에 따름
계약갱신청구권제	2+2년 보장안 : 세입자 기존 2년 계약이 끝나면 추가로 2년 계약연장 보장 계약갱신청구거부 : 집주인은 물론, 직계존비속이 주택에 실거주해야 할 경우
전월세신고제	계약 후 30일 내에 계약 내용 신고 임대인과 임차인 모두에게 신고 의무 부여

임대차 3법이라고 명명하는 이유는 세입자가 총 3가지 권리를 행사할 수 있도록 했기 때문이다. 그중 전월세신고제는 지난 2021년 6월 1일부로 시행되고 있다. 보증금 6천만 원 이상 또는 월세 30만 원 이상을 받는 조건의 임대차계약은 그 내용을 관할관청에 신고하도록 하는 제도다. 예를 들어, 보증금 4천만 원에 월세 30만 원이면 신고대상이라는 뜻이다. 신고의무는 집주인과 세입자 모두에게 있으며, 신고하지 않을 경우에는 과태료가 부과된다. 신고한 내용이 처리 완료되면, 부동산 거래 주택임대차신고시스템에서 승인이 완료되었다는 카카오톡 메시지가 온다. 이 메시지를 받았다면, 전월세신고가 잘 마무리된 것이다.

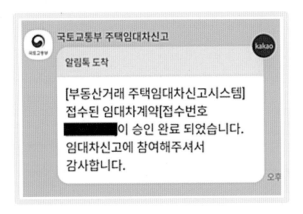

그리고 전월세상한제는 기존 계약이 종료하고 갱신을 할 때는 직전 보증금에서 최대 5% 범위 내에서만 보증금을 증액할 수 있도록 하는 제도다.

다른 세입자와 새로운 임대차계약을 체결하는 경우라면, 이전 보증금 액수와 상관없이 시세대로 계약이 가능하다. 기존 세입자와 계약할 때는, 직전 보증금의 5% 이상 인상할 수 없다.

마지막으로 계약갱신청구권제는 임대차 3법 시행 이전에 아무리 많은 계약갱신을 하고, 오랜 기간 살았어도, 세입자는 지난 횟수와 상관없이 추가로 2년간 1회에 한해서 계약연장을 집주인에게 일방적으로 요구할 수 있도록 하는 제도다. 물론 집주인 본인이나, 집주인의 직계존비속이 실거주하는 경우라면, 세입자의 계약갱신을 거절할 수 있지만, 세입자 입장에서는 전입한 사람이 진짜 집주인의 직계존비속이 맞는지 명확하게 확인할 길이 없어 논란이 있는 상태다.

그렇다면 내 집을 마련하기에 앞서 임대차 3법이 왜 중요하다고 강조하는 것일까? 이유는 내 집 마련이라는 목표를 이루기 전까지 손실을 최소화하고, 주어진 권리를 최대한 누릴 수 있어야 하기 때문이다. 청약을 앞둔 사람은 무주택기간을 끝까지 유지하는 것이 필요하기 때문에 실제 입주하기까지 최대한 보증금 증액을 하지 않으면서 장기간 사는 전략이 필요하고, 구축아파트를 사서 입주할 계획을 갖고 있는 사람도 가급적 실제 입주날짜까지 추가 이동 없이 현재 집에서 거주할 수 있어야 한다. 1주택을 소유한 사람 역시 언제든 사정에 따라 임대할 수도 있으며, 임대할 경우에는 효과적으로 세입자를 관리할 수 있어야 한다. 가장 빈번한 분쟁사례를 예로 들어보고, 집주인과 세입자가 어떻게 하면 최대한 슬기롭게 대처할 수 있는지 요령을 정리해보자.

세입자는 총 4년간 살 수 있는 것 아닌가요?

- 세입자 A는 과거에 2년간 산 이력이 있다.
- 임대차 3법 시행 전에 추가로 2년 계약을 했다.
- 현재 세입자 A는 2번째 계약 후, 1년간을 산 상태다.
  (1회 계약갱신, 총 3년 거주)
- 집주인 B는 세입자 A씨가 전세로 살 수 있는 기간은 총 4년이며, 1회 연장계약을 했으면, 계약연장 요구에 동의하지 않아도 된다고 알고 있다.

집주인 입장에서는 세입자가 어쨌든 1회 계약연장을 해서 총 4년을 살았는데, 세입자가 또 2년을 더 살 수 있느냐가 궁금한 것이다. 원칙은 이전에 얼마나 살았건, 몇 회를 계약갱신을 했건 상관없이, 임대차 3법 이후에 세입자가 계약연장을 희망하면 집주인은 연장에 동의를 해줘야 한다. 계약갱신청구권은 다른 것은 신경 쓸 필요 없이, 법 시행 이후에 갱신요구를 단 1회 할 수 있다는 것이 핵심이다. 결국 기간보다는, 계약갱신 횟수가 더욱 중요하다는 뜻인데, 그렇다면 어떤 대안이 있을까? 주어진 상황에서는 당장 계약기간을 길게 해서 전체 임대차계약 기간을 늘리는 방법을 생각해볼 수 있다.

세입자는 최초 계약을 맺을 때, 시세보다 더 높은 보증금을 제시하면서, 특약으로 최초 보장기간을 4년 또는 그 이상으로 했으면 좋겠다는 의사를 집주인에게 잘 이야기하는 것이 중요하다. 이 전략은 계약갱신 이후의 거주 가능기간은 무조건 2년으로 고정되어 있으므로, 최초 계약기간을 늘리는 것이 핵심이다.

세입자 입장에서는 최초 계약기간이 얼마든 추가로 2년간 계약연장이 가능하기 때문에, 필요한 만큼 안정적인 생활이 가능하고, 어차피 보증금은 계약이 종료되면 돌려받을 수 있다. 이런 계약방법은 특히 언제 입주할지 시기를 예측할 수 없는 3기 신도시 청약 대기자에게 더욱 효과적인 방법이다. 집주인 입장에서도 딱히 나쁠 것은 없다. 당장 시세보다 더 높은 조건으로 세입자를 받으니, 집주인은 투자 자금을 상당부분 회수하는 효과도 있고, 시세와 전세가의 갭이 적으니 매수수요가 많아 향후 팔기도 수월하다. 그리고 얼마든지 최초에 맺은 계약기간만 인정하고 본인이 직접 거주할 수도 있다. 집주인은 중개보수를 세입자가 대납하는 정도의 조건을 추가로 제시해 협상하는 것도 좋은 방법이다.

계약갱신청구를 해야 하는데, 기간을 놓쳐버렸어요

- 세입자 C는 현재 2년간 임대차계약을 체결하고, 곧 만기를 앞두고 있다.
- 계약갱신청구를 하려고 했더니, 계약만료일까지 딱 1개월이 남았다.
- 그런데 계약갱신청구가 가능한 시기를 두고, 누구는 2개월 전이라고 하고, 또 누구는 1개월 전이라고 한다.
- 세입자 C는 누구 말이 맞는지 몰라 혼란스럽다.

유예기간을 두다가 중간에 법이 바뀌면 어느 법이든 이런 혼란이 생기기 마련이다. 원칙은 계약만료일까지 1개월이 남은 상태라면, 계약갱신청구는 불가능하다. 법이 바뀌기 전에는 계약을 연장하거나 새로운 계약을 맺으려면 계약만료 6개월에서 1개월 전 사이에만 집주인에게 의사를 통보하면 법적효력이 있었다. 그런데 임대차 3법이 발표되면서 2020년 12월 10일 이후에 체결하는 신규 임대차계약이나 계약갱신청구권은 변경된 법을 적용받아 1개월이 아니라, 2개월 전까지 연장계약 희망 여부를 집주인에게 통보해야 한다.

쉽게 말해 이 책을 읽는 순간 이후부터 체결하는 모든 신규계약 및 계약갱신청구는 무슨 일이 있어도 2개월 전까지는 통보를 해야 된다는 뜻이다. 만약 바쁜 생활에 정신없이 살다가 기간을 놓쳤다면 어떻게 해야 할까? 세입자는 관련된 거래의 중개보수와 향후 거주하면서 발생하는 집 수리비 정도를 대신 지불하겠다는 조건으로 집주인에게 연장 협상을 요청하는 것이 최선이다. 물론 이 모든 조건을 받아들일지 말지는 집주인의 몫이지만, 만약 집주인이 승인한다면, 특약사항에 집 수리비의 어느 부분까지 세입자가 책임진다는 확실한 기준을 삽입할 필요가 있다.

이 협상전략은 전세가가 단기간에 많이 오를 가능성이 낮은 빌라나 다가구주택에서 더욱 유용하다. 그러나 만약 아파트라면, 집주인은 새로운 세입자를 받는 것이 유리하므로 신중하게 판단해 협상에 임하는 것이 좋다.

계약갱신청구를 못하도록 특약으로 넣는 것은 어때요?

> - 집주인 D는 계속 바뀌는 법이 어렵고 복잡하다.
> - 집주인 D는 그냥 편하게 계약갱신청구를 못하도록 하거나, 보증금을 시세대로 올릴 수 있도록 특약을 넣고 싶다.
> - 집주인 D가 생각할 때는 세입자 E가 동의하면 충분히 효력이 있을 것만 같다.

법이 너무 복잡해지다 보니 아예 처음부터 계약갱신청구를 하지 못하도록 세입자와 합의를 보고 특약으로 넣으면 어떨까 하는 생각을 하는 사람들이 있다. 과연 가능할까? 원칙은 아무리 합의를 했다고 하더라도 이런 특약은 아무런 효력이 없다. 바로 주택임대차보호법 10조 때문인데, 주된 내용은 아무리 당사자 간에 합의를 했다고 해도, 세입자에게 불리한 조건은 무조건 효력이 없다는 것이다. 그런데 반대의 경우를 생각해보자.

법조문 어디에도 집주인에게 불리한 조건은 효력이 없다는 내용은 없다. 바로 이 조항 때문에, 첫 번째 사례처럼 집주인이 아니라 세입자 편의를 위해서, 최초 본계약의 기간을 늘리는 계약이 가능한 것이다. 임대차 3법으로 정한 규정은 계약 당사자 간 합의로 바꿀 수 없는 강행규정이라는 것을 기억해두어야 한다.

사정이 생겨 집을 일찍 빼고 싶은데, 집주인에게 통보하면 되겠죠?

> - 세입자 F의 임대차계약기간은 아직 6개월이 남았다.
> - 그런데 마침 집을 일찍 빼야 할 개인사정이 생겼다.
> - 세입자 F는 계약해지 여부를 집주인에게 통보하고 3개월 후에 자동으로 계약이 해지된다는 말을 어디서 들은 것 같다.

그런데 지금까지는 계약기간을 늘리는 데 초점을 맞췄는데, 이번 사례는 애초 계약기간보다 빨리 세입자가 나가는 경우를 보자. 원칙은 본계약 중에는 세입자 임의대로 계약을 해지할 수 없다. 계약기간 중에 세입자가 일찍 나가는 것은 엄연히 계약 위반이고, 집주인이 동의를 해주지 않는 이상 세입자는 임의로 계약을 종료할 수 없다. 그런데 본계약이 끝나고 계약이 갱신된 상황이거나, 묵시적갱신 상태라면 이야기가 달라진다.

계약갱신청구권을 행사한 상태이거나, 묵시적갱신 상태에서는 남은 계약기간과 상관없이 언제라도 세입자는 집주인에게 해지 통보를 할 수 있고, 통보한 날로부터 3개월 후에 자동으로 계약은 해지된다. 당연히 후자에 해당된다면, 집주인이 날짜에 맞춰 보증금을 돌려줄 의무가 있다.

여기까지가 이론인데, 그렇다면 실무적으로는 어떨까? 사실 이 경우는 세입자가 일찍 나가준다면, 집주인 입장에서는 시세대로 새로운 전세계약을 맺으면, 투자 자금이 회수되고, 매매가와 전세가의 갭 차이가 줄어들어 언제라도 더 좋은 조건에 팔 수 있기 때문에 오히려 이득이다. 따라서 법적으로는 세입자의 임의 계약해지가 불가능하지만, 집주인은 넓은 아량으로 요구를 들어주는 것도 좋다.

　이런 특성을 감안해, 세입자는 집주인에게 편하게 계약해지를 요청할 수 있고, 집주인은 현재 전세가에서 기존 세입자의 전세 보증금을 뺀 만큼에 해당하는 중개보수만 부담하고, 나머지 중개보수는 기존 세입자가 부담하면서 기분 좋게 마무리하는 것이 가장 좋다. 아마도 센스 있는 공인중개사라면, 이 부분은 알아서 처리를 해줄 것이다. 세입자의 편의를 봐주면서 집주인이 내야 할 중개보수를 전가하는 것은 법으로 명시된 것은 없지만, 실무에서는 오랜 관례로 되어 있다.

48

아무도 가르쳐준 적 없는
특급 매수 및 매도 전략

집은 절대 파는 것이 아니다

간혹 급하게 많은 돈이 필요하다고 해서 살던 집을 파는 사람들을 본다. 과연 옳은 판단일까? 물론 충분히 생각하고 내린 결정이겠지만, 상승폭이 크든 작든, 적어도 꾸준히 오르는 추세에 있는 집이라면, 급한 돈을 마련하기 위한 수단으로 집을 팔아서는 안 된다. 이유는 집을 한번 처분하면, 그 지역보다 못한 하급지로 가지 않는 이상 다시는 집을 살 수 없고, 같은 지역에서 이전과 같은 집을 사려면 더 많은 돈이 필요하기 때문이다.

지금 집을 팔아서 급한 것을 처리하고, 앞으로 열심히 벌어서 다시 집을 사자는 생각은 매우 위험한 생각인 것이다. 집값이 오르면, 내 집의 담보가치가 커져, 오른 만큼 대출한도가 늘어난다. 만약 적게나마 꾸준한 수입이 있고, 상환능력이 있다면, 오른 집값만큼 담보대출을 받아서 활용하자. 이미 법적으로 허락된 한도만큼 대출을 모두 받았다고 하더라도, 집값이 오르면 추가 대출이 가능하다. 아무리 대출이자가 비싸고 부담이 되도, 향후 더 오를 집값의 기회비용으로 생

각할 만큼 크지는 않다. 당장 수입이 없어 상환 자체가 힘든 경우가
아니라면, 대출을 받아 생활하더라도 집은 절대 팔아서는 안 된다.

집을 팔아야 하는 예외적인 경우

그런데 꾸준히 오르는 추세에 있는 집도 지금 당장 팔아야 할 때
가 있다. 그 경우는 바로, 지금 사는 곳보다 상급지로 이동할 때다.
이유는 앞서 설명한 바 있듯이, 상급지와 하급지의 집값 변동은 가격
vs 가격으로 변하는 것이 아니라, 비율 vs 비율로 변하기 때문이다. 5
억 원이던 집이 10% 올라 5억 5천만 원이 되는 것과 7억 원이던 집이
10% 올라 7억 7천만 원이 되는 차이다. 다음 그래프는 두 아파트의
최근 3년간 시세변동 추이를 표시한 것이다.

출처 : 네이버 부동산

상급지의 A아파트는 최근 3년간, 3억 4천만 원이 상승했고, 89%가 올랐다. 그리고 하급지의 B아파트는 최근 3년간, 2억 3천만 원이 상승했고, 92%가 올랐다.

두 아파트는 가격상승률은 거의 비슷하지만, 원래 가격이 달랐던 만큼, 실제 가격 격차는 더 벌어진 것을 알 수 있다. 지금 필요성은 못 느껴도, 언젠가는 상급지로 이사를 가야 할 필요성을 인지하고 있다면, 당장이라도 집을 팔고 상급지로 이동하는 것이 맞다. 그런데 사람마다 사정이 다 다르고, 보유한 주택 수에 따라 마음은 굴뚝같지만 당장 이동하기 힘든 경우도 있을 수 있다.

이제부터는 각 상황별로 어떻게 하면 효율적으로 지금 사는 집을 팔고, 상급지로 이동할 수 있는지 구체적인 전략을 세워보자.

실거주 주택 딱 1채인 경우

현재 보유한 주택이 직접 거주하는 주택 1채라면, 그 주택의 1주택 양도소득세 비과세 요건을 먼저 충족하는 것이 중요하다. 현행 세법상 비규제지역이거나, 조정대상지역이라도 2017년 8월 3일 이전에 취득한 주택은 2년간 보유만으로 비과세가 가능하다.

만약 조정대상지역에서 2017년 8월 3일부터 그 이후에 취득했다면, 2년간 보유는 물론, 2년간 거주까지 해야 한다. 그리고 일시적 1가구 2주택이 아닌, 일반적인 2주택 상태라면, 취득시기와 보유 및 거주기간에 상관없이, 다시 1주택 상태가 된 날로부터, 2년 거주조건을 충족해야 비로소 양도소득세 비과세 대상이 된다.

<**1주택자 양도소득세 비과세 요건**>

- 비규제지역, 조정대상지역 2017년 8월 2일 이전 매수 : 2년 보유
- 조정대상지역 2017년 8월 2일 이후 매수 : 2년 보유 및 거주
- 일시적 2주택 상태가 아닌, 2주택이 된 적이 있는 경우 : 1주택이 된 날로부터 2년 보유 및 거주

여기서 잠깐, 필자가 상담을 받아보면, 자신이 집을 언제 샀는지 정확한 날짜를 기억 못하는 사람이 정말 많다. 그러나 당황하거나 난감해할 필요는 없다. 필자 역시 보유한 집의 취득시기를 모두 기억하지 못하지만 언제든 그다지 어렵지 않게 확인이 가능하기 때문이다. 등기를 한 부동산이라면, 당연히 해당 등기사항전부증명서가 있을 것이고, 대법원 인터넷등기소에 가면 누구나 쉽게 열람할 수 있다.

내 집을 언제 취득했는지 기억이 나지 않는다면, 등기사항전부증명서를 발급받자. 등기사항전부증명서는 크게 표제부, 갑구, 을구로 구분되는데, 표제부는 해당 부동산의 면적, 건물구조, 준공연도 등 기본적인 스펙이 나와 있고, 갑구에는 소유권의 득실에 대한 내용이 나와 있으며, 을구에는 소유권 외의 권리, 예를 들면 은행에 대출을 받으면서 설정한 근저당권 등이 을구에 기록된다. 취득 날짜는 소유권과 관련된 내용이므로 등기사항전부증명서의 갑구를 보면 되는데, 아래 이미지처럼 갑구에서 접수와 등기원인이라는 날짜 2개를 확인할 수 있다.

【 갑 구 】 (소유권에 관한 사항)				
순위번호	등 기 목 적	접 수	등 기 원 인	권리자 및 기타사항
1	소유권이전	1970년3월25일 제3527호	1970년3월9일 매매	
1-1	1번등기명의인표시 변경		2000년10월2일 전거	
2	소유권이전	2002년4월30일	2002년3월30일	

접수 : 잔금일   등기원인 : 계약일

통상 부동산을 거래할 때, 한 번에 모든 거래대금을 주고 사는 경우는 거의 없다. 대부분 계약금을 걸고 계약서를 쓴 다음, 적절한 때에 중도금을 넣고, 소유권을 완전히 넘겨받으면서 잔금을 마무리한다.

등기원인이라는 것은 이 거래가 성사된 날짜, 즉 계약금을 넣었거나, 직접 계약서를 쓴 날짜이고, 접수라는 것은 잔금을 마무리하고, 완전히 소유권을 넘겨받은 날이 된다.

현행 세법상 양도소득세 비과세 판단 조건은 계약일을 기준으로 하고 있으므로, 등기원인일을 취득일로 생각하면 되는 것이다. 만약 등기원인일이 2017년 8월 1일이라면, 법적효력이 발생한 날짜인 2017년 8월 3일 이전이므로, 조정대상지역이라도 2년 보유만으로도 양도소득세가 비과세가 되는 것이니 실입주를 고민할 필요가 없다.

이제부터 자신이 사는 집이 이 3가지 경우의 수 중에 어디에 해당되는지 정확히 알고, 아직 양도소득세 비과세 요건을 충족하지 못했다면, 충족할 때까지 기다린 후에 새로 이사할 집을 매수해야 하고, 만약 이미 충족했다면, 하루라도 빨리 상급지의 집을 매수하는 것이 좋다.

그런데 여기서 한 가지 중요한 것이 있다. 거주하는 집이 양도소득세 비과세 요건을 충족했고, 그 후에 새로 이사 갈 집을 매수했다면, 그때부터는 일시적 1가구 2주택 유예기간에 들어간다는 것쯤은 누구나 알 것이다. 그런데 스스로 생각했을 때, 기존에 살던 집이 추가 상승 여력이 있다는 판단이 선다면, 당장 실입주가 가능한 매물을 비싸게 사기보다는, 의도적으로 임대차존속기간이 남은 매물을 저렴하게 매수해서 더는 가격이 오르는 것을 잡아두고, 일시적 1가구 2주택 기간을 최대한 활용해서, 기존에 살던 집의 남은 시세상승분을 최대한 취하는 전략이 좋다. 임대차 3법 시행 이후로, 임차인 때문에 마음대로 입주할 수 없는 매물은 시세보다 한참 저렴하게 나오는 경향이 있으며, 원래부터 가격이 비싼 집일수록 실입주가 가능한 매물과 가격 격차는 더 크기 때문이다.

참고로 조정대상지역에서 다른 조정대상지역으로 이사하는 경우에 일시적 1가구 2주택 유예기간은 1년이지만, 새로 이사 갈 집에 임차인이 살고 있다면, 임대차존속기간이 만료될 때까지 유예기간을 인정해준다. 따라서 임대차계약을 지금 막 체결한 세입자라면, 최대 2년간 유예기간이 주어지는 것이며, 이 기간을 최대한 활용할 필요가 있다. 유예기간이 길수록 새로 들어갈 상급지의 집값은 이미 사놓은 상태이기 때문에 고정되고, 기존 집은 계속 가격이 오르니, 실제 필요한 자금이 줄어드는 큰 효과도 누릴 수 있다.

실거주 주택 1채, 투자 형태의 소유 1채인 경우

이 경우는 현행 세법상 투자 목적으로 소유한 집은 언제 팔더라도 실제 양도차익의 절반 이상은 양도소득세로 납부해야 한다. 따라서 상급지로 이동할 계획이라면, 투자 목적으로 보유한 집을 최대한 빨리 팔 수 있어야 한다.

그런데 여기서 실질적인 고민이 하나 있다. 이론상으로는 최대한 빨리 파는 것이 좋다고 하지만, '최대한 빨리'라는 표현이 다소 모호하게 들릴 수 있다. 만약 투자한 집이 꾸준한 가격 상승세에 있는데, 적절한 매도 타이밍을 잡기 어렵다면, 양도소득세 누진세 구간이 변하는 시점을 기준으로 하는 것도 좋다.

누진세 구간이 변해 세율이 인상되면, 더 비싼 가격에 집을 팔아도 실제 얻는 양도차익은 거의 그대로거나, 오히려 소폭 적어지는 경우가 발생하기 때문에, 집값이 더 오를 때까지 시간을 끌 필요가 없는 것이다. 시간을 끌어봐야 세금만 더 늘어날 뿐이고, 상급지와의 집값 격차도 더 벌어질 확률이 높다.

특히 예상되는 양도차익이 1억 5천만 원 미만 구간에 해당된다면,

구분	과세표준	기본세율	조정대상지역 1가구 2주택	조정대상지역 1가구 3주택
2년 이상 보유	1,200만 원 이하	6%	26%	36%
	1,200만 원 초과 ~ 4,600만 원 이하	15%	35%	45%
	4,600만 원 초과 ~ 8,800만원 이하	24%	44%	54%
	8,800만 원 초과 ~ 1억 5,000만 원 이하	35%	55%	65%
	1억 5,000만 원 초과 ~ 3억 원 이하	38%	58%	68%
	3억 원 초과 ~ 5억 원 이하	40%	60%	70%
	5억 원 초과 ~ 10억 원 이하	42%	62%	72%
	10억 원 초과	45%	65%	75%
2년 미만 보유	60%			
1년 미만 보유	70%			

출처 : 국세청

각 구간마다 비교적 세율이 크게 오르기 때문에, 세율이 급격하게 인상되기 직전 수준의 양도차익이 되도록 호가를 정해 매물로 내놓는 것도 좋다.

물론 이 전략을 적용하기 위해서는 대략적인 계산이 아니라, 모든 요소를 적용해서 꼼꼼히 계산해봐야 한다. 만약 스스로 계산하는 것이 힘들다면, 전문가를 활용하는 것도 지혜다. 간혹 상담료 몇만 원이 아까워서 전문가와의 상담을 꺼리는 사람이 있는데, 자칫 몇만 원 아끼려다가 생각하지도 못했던 세금이 훨씬 더 많이 나올 수도 있다는 것을 알아야 한다. 이런 전략으로 투자로 보유했던 집을 팔고 나면, 그때부터 현재 거주하는 집의 양도소득세 비과세를 위한 2년 거주기간이 시작된다. 따라서 새로 이사 갈 상급지의 새로운 집은, 현재 거주하는 집의 추가 2년 거주기간을 채운 후에 사야 한다.

만약 투자 목적으로 보유했던 집을 잘 처분했고, 현재 거주하는 집도 양도소득세 비과세 요건을 충족했다면, 그때부터는 '실거주 주택 딱 1채인 경우'에서 설명한, 일시적 1가구 2주택 유예기간을 적극적으로 활용해, 상급지의 새로 들어갈 집의 가격상승을 고정시킨다. 유예기간 동안 거주하는 집의 시세상승분을 최대한 취할 필요가 있다.

실거주 1채와 투자 목적으로 1채를 소유한 경우는 최근 집값 폭등에 힘입어 나의 주거생활 안정과 투자 수익을 동시에 실현할 수 있다는 점에서 장점이 있지만, 새로운 계획이 생겼을 때, 직접 실행에 옮기기에는 꼼꼼한 전략과 많은 시간이 필요하다는 단점도 있다고 볼 수 있다.

투자 형태로만 1채를 소유한 경우

이 경우는 사실상 한 단계 더 상급지로 이동하기는 어렵지만, 적은 자금으로 슬기롭게 재테크를 잘한 경우라고 볼 수 있다. 비록 실거주로는 자금 부담 때문에 자신이 원하는 지역에 거주하는 것이 불가능하지만 투자 형태로나마 좋은 지역에 진입해서, 하급지에 비해 더 큰 시세차익을 실현할 수 있는 전략이기 때문이다.

내가 원하는 지역에서 실거주할 집을 살 여력이 안 된다고 해서, 그냥 넋 놓고 전세로 계속 살면서 시간을 보내면 안 된다는 것을 다시 한번 강조한다. 만약 이 경우에 속한다면 선택지는 2가지다.

첫 번째는 실거주할 집을 갖기 원하는 경우다. 앞으로 투자한 집의 가격이 계속 올라도, 오른 만큼 실입주에 필요한 자금은 더 많이 필요하므로, 한 단계 상급지나, 지금 투자한 지역에서는 실거주가 불가능하다.

그렇다면 어떻게 해야 할까? 방법은 지금 투자한 집을 처분하고, 이 지역보다 한 단계 하급지로 이동해 실거주할 집을 마련해야 한다. 만약 그래도 자금이 부족하다면, 조금 더 보유하는 것도 좋다. 이유는 역시 앞에서 설명한 것처럼, 시간이 흐를수록 상급지의 집값이 더 많이 오르기 때문에 하급지에서 실거주할 집을 사는 데 부족한 자금을 메울 수 있다.

두 번째는 하급지로 이동하는 것을 원하지 않고, 지금 상황에서 그다지 큰 불편함을 느끼지 않는다면, 앞으로도 자신은 전세나 월세로 살면서, 투자 형태로 1주택 체제를 계속 유지하는 것도 좋다. 시간이 흐를수록 가격은 꾸준히 오를 것이고, 자산규모는 계속 커질 것이기 때문이다.

투자 형태로만 2채 이상 소유한 경우

취득세와 양도소득세 중과 규정이 없고, 전세가율이 높아 소액 투자처가 많았던 시절에, 동원할 수 있는 모든 자금을 분산한 뒤, 여러 채를 매수해, 자신은 전세나 월세로 살면서 지금까지 잘 유지하고 있는 경우에 해당된다.

필자 역시 당시에 적극 활용했던 전략이기도 하다. 그렇다면 이 경우는 어떻게 하는 것이 좋을까? 구체적인 것은 세밀하게 따져봐야 알 수 있겠지만, 현 부동산 규제 체제에서는 2채를 모두 처분하고, 상급지에서 내가 직접 거주할 집 1채로 통합하거나, 실입주할 만큼 자금 여력이 안 된다면, 역시 상급지의 1채로 통합해서 투자 형태로 보유하는 것이 좋다.

이유는 역시 세금 때문이다. 직접 거주하지 않고 집을 2채 이상 보유하면, 다주택자가 되어 첫 번째 파는 집은 보유 주택 수에 따라 양도소득세율이 20%나 중과되고, 장기보유특별공제도 인정되지 않는다.

두 번째 파는 집은 그나마 장기보유특별공제도 인정받고, 세금 중과도 면하지만, 실거주 이력이 없어 여전히 과세 대상이 되는 점 때문에 상급지의 1채로 통합해 일반과세를 받는 형태에 비해 손실이 크며, 시간이 흐를수록 손실의 폭은 더 커진다. 앞에서도 계속 강조했듯, 같이 가격이 올라도 상급지의 집값이 더 많이 오르는 것이 큰 이유가 된다.

물론 자금 여유가 있어 실입주가 가능하다면, 양도소득세는 고려할 필요가 없고, 시간이 흐를수록 격차는 더욱 벌어진다. 따라서 이 경우는 하루라도 빨리 상급지에서 1주택 상태로 만들고, 가급적이면 실거주할 수 있어야 한다.

2채 중 1채를 먼저 팔고, 남은 집으로 입주해서 양도소득세 비과세를 노려보면 어떠냐는 의견이 있을 수 있다. 물론 괜찮은 전략이나 실익이 크지 않을 수 있다.

앞서 '실거주 주택 1채, 투자 목적의 소유 1채인 경우'에서는 이미 집 1채에 내가 거주하고 있기 때문에 투자로 보유한 집을 처분하고, 1주택 상태로 만드는 과정에서 추가 자금이 필요하지 않다. 그리고 투자로 보유했던 집을 처분하고 남은 양도차익은 고스란히 여유 자금으로 남아 있다. 하지만 투자 형태로 2채를 보유하고 있다가, 그중 1채를 처분하면서 중과된 양도소득세를 내고 남은 양도차익은, 나머지 1채의 집으로 입주하는 과정에서 세입자의 보증금을 돌려주기 위해 쓰일 확률이 높다.

즉 1주택 상태가 되면서, 내가 가진 모든 자금을 깔고 앉는 형태가 된다는 뜻이다. 이 상태에서 양도소득세 비과세를 위해 2년간을 거주하게 되면, 그 기간 동안 상급지와의 가격차는 더욱 벌어져 이동이 점점 힘들어질 것이고, 반대로 아무리 집값이 올라도, 그 집을 팔고 하급지로 가지 않는 이상, 내가 손에 쥘 수 있는 돈은 없는 상태가 되고 만다.

애초부터 '실거주 주택 딱 1채인 경우'와는 또 다른 상황인 것이다. 같은 상황을 두고도 전략을 어떻게 세우느냐에 따라 불과 2년이 흐른 뒤에는 실로 엄청난 차이가 발생한다. 특히 최근 같은 상승장에서는 불과 2년 만에, 어림잡아 수억 원은 공중으로 날아가는 셈이라고 볼 수 있다.

이래서 실거주할 내 집이 있어야 한다

지금까지 설명한 각 상황별 매수 및 매도 전략을 꼼꼼히 읽었다면 한 가지 중요한 점을 찾았을 것이다. 그것은 바로, 내가 보유한 집이 1채건, 2채 이상이건, 보유 주택 수는 같아도 내가 실제 거주하는 집이 있느냐, 그렇지 않으냐에 따라 많은 차이가 있다. 새로운 계획을 세울 때도 훨씬 좋은 선택지가 있다는 것이다.

비록 이 책에서는 현행 세법을 중심으로 설명했지만, 향후에 세법이 더욱 강화되거나, 완화되어도, 또는 우리나라 부동산 시장이 상승장을 멈추고, 조정기에 들어가더라도 전략의 큰 틀은 달라지지 않는다.

전세나 월세로 살면서 언제 올지도 모를 집값 하락기를 마냥 기다릴 것이 아니라, 투자 형태로라도 집을 사야 하고, 기왕이면 내가 실제 거주할 집을 사야 하는 것이다.

앞에서 설명한 4가지 경우의 수는 모두 내 경우가 될 수 있다. 주택 1채에 실거주하던 사람이 여유 자금이 생겨 투자 형태로 1채를 더 매수할 수도 있다. 반대로 내가 사는 집 1채와 투자 형태로 1채를 보유하다가 1채를 팔고 실거주 1주택자가 될 수도 있기 때문이다.

따라서 모든 전략을 머릿속에 두고 슬기롭게 대처할 수 있어야 세금은 대폭 줄이고, 자산규모를 빨리 키울 수 있다. 가급적 빨리, 더 좋은 지역에서 내가 거주할 집을 가지는 것이 자산증식의 시작이며, 더 나은 미래를 준비할 수 있는 토대가 된다.

내 집이 없는 상태에서는 아무리 많은 노동 수익도, 결국 밑 빠진 독에 물 붓기나 다름없다는 것을 잊어서는 안 된다.

에필로그

이 책에서 필자는 총 48개 테마에 걸쳐 왜 당장 집을 사야 하고, 집을 산 후에도 끊임없이 부동산 시장이 돌아가는 분위기를 파악하고, 공부를 왜 해야 하는지에 대한 필요성과 자신에게 맞는 집을 선택하기 위해 고려해야 할 점 등을 상세히 설명했다.

사람은 집 없이 살 수 없고, 내 집이 있다고 해도, 태어나서 죽을 때까지 그 집에서만 살 수는 없다. 직장 내 인사발령이나 이직, 전직, 자녀교육, 건강 문제 등으로 필요에 따라 거주지를 이동할 수도 있다. 자녀가 한참 성장기에 있을 때와 결혼 후 출가를 하고 난 후, 본인의 은퇴 전후에 따라 필요한 주거형태가 모두 다르기 때문이다.

그런데 내 집을 마련하는 방법과 적절한 전략을 모르고 있다면, 내지 않아도 될 세금이 과도하게 발생하거나, 필요한 자금을 조달할 수 없는 등 큰 어려움에 부딪힐 수 있다.

누군가에게 물어서 해결하는 것도 한계가 있고, 소중한 내 재산을 남의 손에만 맡길 수도 없는 노릇이며, 그때 닥쳐서 해결하려고 해서는 늦은 경우가 대부분이다. 따라서 결정적인 순간에는 불가피하게 전문가의 도움을 받지만, 자산관리에 대한 큰 그림은 본인이 스스로 그릴 수 있어야 한다.

나는 과연 자산관리를 잘하고 있는가? 이 물음에 대한 답을 얻으려면, 자신이 보유한 재산 중에서 시간이 흐를수록 가치가 높아질 것이 많은지, 떨어질 것이 많은지를 판단해보면 된다. 그리고 만약 가치가 떨어질 것이 많다면, 꼭 필요한 부분만 제외하고, 가급적 빠른 시간 내에 가치가 오를 것으로 전환해야 한다.

우리나라는 국토 자체도 좁은 데다, 사람이 경제활동을 하며 살 수 있는 도시지역의 면적이 전체의 10% 미만이라 어쩔 수 없이 주요지역 위주로 인구밀도가 높은 현실을 봤을 때, 시간이 흐를수록 가치가 오를 대표적인 자산은 역시 부동산, 그중에서도 집, 더 자세히 표현하면 아파트가 갈수록 가치가 높아질 대표적인 자산이라 할 수 있다. 따라서 안정적인 삶을 위해서도 집이 필요하지만 효율적인 자산관리 차원에서도 집이 최우선인 것이다. 이것을 깨우치지 못하면, 아무리 열심히 일하며 돈을 벌어도, 늘 제자리걸음일 수밖에 없다.

궁극적으로는 나와 내 가족이 살 든든한 집 1채가 필요한 것이지만, 지금 당장 집이 있다고 해도 현실에 만족하고, 노동수익에만 의존한 삶을 살아서는 안 된다. 자본주의 사회에서는 돈의 흐름을 먼저 깨우치는 사람이 남들보다 앞서 나갈 수 있고, 이전보다 나은 삶을 살 수 있다.

적어도 이 책을 읽은 독자는 눈앞에 보이는 것에만 집중하지 말고, 조금이라도 나은 삶을 살 수 있도록 끊임없이 고민하고, 능동적으로 대처할 수 있기를, 그리고 이 책이 감히 그 역할을 감당할 수 있기를 진심으로 소망하며 집필을 마무리하고자 한다.

부족한 글이 세상에 나올 수 있도록 애써주신 출판사 모든 관계자 분들과 사랑하는 아내 희경, 그리고 나의 분신 예준, 재준에게도 진심을 담은 감사 인사를 전한다.

RESTART 부동산 투자
아무도 말해주지 않는 불변의 성공비법

제1판 1쇄 2022년 1월 3일

지은이 박희용(부동산히어로)
펴낸이 서정희 **펴낸곳** 매경출판(주)
기획제작 ㈜두드림미디어
책임편집 이향선, 배성분 **디자인** 얼앤똘비악earl_tolbiac@naver.com
마케팅 강윤현, 이진희, 장하라

매경출판㈜
등록 2003년 4월 24일(No. 2-3759)
주소 (04557) 서울시 중구 충무로 2(필동1가) 매일경제 별관 2층 매경출판㈜
홈페이지 www.mkbook.co.kr
전화 02)333-3577
이메일 dodreamedia@naver.com
인쇄·제본 ㈜M-print 031)8071-0961
ISBN 979-11-6484-337-4 (03320)

매일경제신문사 부동산 도서 목록

세무사 30년이 알려주는:
세무조사 대비의 모든 것
어는 편갈 찾아야다

향후 5년 부동산 정책 핵심 공략
문재인 시대 부동산 트렌드

서울시 공정임대료 주무관이 알려주는
상가임대차 분쟁 솔루션

주택 연출가 무조건 따라하기

커피 한 잔 값으로 초대형 오피스 주인 되기
리츠 얼리어답터

신의 한 수 금맥 경매

주택 아파트 세무 가이드북
실전편

권리분석 완전정복으로
10년 안에 10억 벌기

대한민국을 움직이는 땅 투자 법칙 100

땅투자 10단계 절대불변의 법칙

돈의 보감
평범한 샐러리맨, 투잡 경매로
5년에 10억 벌다

나는 갭 투자로
300채 집주인이 되었다

토지 세무 가이드북
실전편

新 상가 투자 보물 찾기

상가 세무 가이드북
실전편

NPL 가격 산정의 비밀

응답하라!! 위기의 부동산

나는
토지 경매로 금맥을 캔다

토지보상경매 실전활용

세무조사 실무 가이드북
실전편

㈜두드림미디어 카페(https://cafe.naver.com/dodreamedia)
Tel : 02-333-3577 E-mail : dodreamedia@naver.com